U1017334

手把手自媒体创业教学

秦佳佳　黄　伟 / 著

中华工商联合出版社

图书在版编目(CIP)数据

手把手自媒体创业教学 / 秦佳佳,黄伟著. -- 北京 : 中华工商联合出版社，2023.2

ISBN 978-7-5158-3607-2

Ⅰ.①手… Ⅱ.①秦… ②黄… Ⅲ.①网络营销 Ⅳ.①F713.365.2

中国国家版本馆CIP数据核字(2023)第020359号

手把手自媒体创业教学

作　　者：秦佳佳　黄　伟
出 品 人：刘　刚
责任编辑：李　瑛　李红霞
排版设计：水日方设计
责任审读：付德华
责任印制：迈致红
出版发行：中华工商联合出版社有限责任公司
印　　刷：北京毅峰迅捷印刷有限公司
版　　次：2023年2月第1版
印　　次：2023年2月第1次印刷
开　　本：850mm×1168mm　1/32
字　　数：200千字
印　　张：9
书　　号：ISBN 978-7-5158-3607-2
定　　价：26.90元

服务热线：010－58301130－0（前台）
销售热线：010－58302977（网店部）
010－58302166（门店部）
010－58302837（馆配部、新媒体部）
010－58302813（团购部）
地址邮编：北京市西城区西环广场A座
19－20层，100044
http://www.chgslcbs.cn
投稿热线：010－58302907（总编室）
投稿邮箱：1621239583@qq.com

工商联版图书
版权所有　侵权必究

凡本社图书出现印装质量问题，请与印务部联系。
联系电话：010－58302915

序言

PREFACE

如今，移动互联网正以高速的发展见证人类生产生活方式的剧变。和互联网时代不同的是，移动互联网深度作用于每个人，无论你是在家中、在单位还是在户外，都能通过移动终端设备和整个世界保持联系，而短视频行业正是在这样的技术背景下崛起的。和传统的在线视频不同，短视频意味着每个用户都有发布视频作品的权利，由此形成了一个高达数亿人关注、分享和传播的视频江湖。

特定的时代环境产生了特定的娱乐和传播方式，短视频的诞生让越来越多的新媒体人、商家和企业都感受到了它的无穷魅力，它自身存在的巨大潜力已经悄无声息地改变了我们的生活：碎片化的信息被有效传达，陌生用户之间可以进行深度互动，创意的点子能够直接生成作品……更重要的是，短视频拥有强大的变现能力，它能把产品以视觉化的表达呈现在受众面前，能够通过内容品牌化构建新的消费需求，还能以线上为切入点带动线下的消费额增长。

在人人都想分一杯羹的时代，短视频运营不再是个人随心所欲的创作，而是朝着专业化、团队化、机构化的方向发展。或许你可以单枪匹马地创造一个IP，但要想维持这个IP的热度和强度，离不开对整个行业的理性认识和专业操作。一条优质的短视频内容，能够在最短的时间内受到用户的关注，但这仅仅是成功的开始。无论你把自己定位成内容的创作者还是账号的运营者，都要持续把握用户的痛点、泪点和笑点，打造属于你的优点、亮点和爆点。

如今短视频的发展已经进入到下半场，内容虽然依旧是核心，但不懂得如何运营，一个优质的创意也无法给你换来真金白银，特别是对新手而言，头脑中没有完整的知识和经验储备，很容易犯下影响运营效果的错误，白白糟蹋了一个可能火爆的IP。因此，精准地定位自身，精确地产出内容，精细地孵化粉丝，精致地打磨品牌，掌握这些技能才会让你在已经汹涌翻滚的红海中占据一席之地。

短视频的重要性毋庸置疑，它光鲜亮丽的前景也吸引着一大批创作者进入，同时也吸引更多的投资者跟进。那么，如何产出有价值的内容，如何直达用户的内心，如何选择适合自己的发布平台，如何寻找投资者，这些不仅是每一个短视频从业者需要思考的问题，也是每个新手的必修课程。本书从一个新手的视角入手，由浅入深带你了解短视频行业的方方面面，站在初学者的角度手把手教你如何玩转短视频，把行业内最具认可性的知识和经验分享给你！

目录

CONTENTS

第一章 短视频：处在当下风口的新产业

现在的短视频行业，就是10年前的淘宝，5年前的微信，只要你进入，就能挣钱。

第二章 内容输出：拼脑洞玩转流量池

你可以缺钱、缺人脉、缺资源，但是不能缺脑洞！短视频玩的不是高大上，而是创意，点子够多，画面好看，就不愁没有粉丝给你买单！

第三章 营销助力：加点料让视频够“硬核”

关注度少得可怜，用户都是“一次粉”……别怨天怨地，练家子都知道“内外兼修”，你一个做文化产业的不知道玩内涵吗？

第五章　布局策略：找准自己的定位和目标

酒好也怕巷子深，如今互联网上视频多如牛毛，你能做的别人也能做，“死磕”不出高下，那就只能比谁的外部环境好，找对靠山，远离雾霾区，才能活到最后！

第六章　点击率低怎么办？手把手教你避开雷区

一朝入坑深似海，自从玩上短视频以后发量急剧减少，内容策划、拍摄剪辑都挺好，怎么点击率就上不去呢？别以为你是无辜的雪花，其实你早就踩响了一大片雷！

视频做出来没人看，尴尬癌都要犯了。别急着吃药，先想想能不能换个思路：先找买家瞄准方向，再做有针对性的内容，这样的输出才能瞄准市场精确打击！

第 一 章

CHAPTER ONE

短视频：

处在当下风口的新产业

现在的短视频行业，就是 10 年前的淘宝，5 年前的微信，只要你进入，就能挣钱。

① 小视频成吸金新玩法：大数据分析给你勇气

杨紫，今年21岁，刚刚大四，想当初她考进大学的时候，先是茫然无措，然后满脸微笑，以为未来就在自己手里。可四年时间一过，现实终于教她怎么做人了，当初的梦想早就不知道丢进哪个犄角旮旯，她差不多成了存在感最低的小透明。更让她来气的是，当初容貌不如她、成绩不如她的徐璐，从空气人变成了网红，短视频和直播干得风生水起，据说都成立两家文化传播公司了。

那天在宿舍里，徐璐跟杨紫说：金九银十快来了，准备做个爆品出来，还让杨紫毕业直接去她的团队。杨紫倒是不介意给徐璐打工，可她说的那些什么“10万+流量的大V”“抖音达人榜前50名”之类的话她根本听不懂，也不敢说，显得自己老土。可她越是沉默，徐璐越是开启了吐槽模式："你不是'学霸'吗？你不是擅长数据分析吗？你自己上网看看，新闻都把数据公开出来了，短视频就是赚钱的风口，就是10年前的淘宝，5年前的微信。只要你进入，就能挣钱！"

在今天，如果有人说"互联网是短视频当道"，怕是没人敢反对，因为这不是一个主观性的结论，而是实打实的数据分析结果。

截至2020年12月，中国网络视频用户规模达9.27亿，和2020年3月相比增长了7 633万，占网民整体的93.7%。其中短视频用户规模为8.73亿，和2020年3月相比增长1亿，占网民整体的88.3%。

单从数据上看，长视频用户的占比明显少于短视频用户，短视频基本上是"小哥哥小姐姐"的天下，而长视频似乎已经是"叔叔阿姨"的自嘲了。现在小哥哥小姐姐后劲十足，而叔叔阿姨正在老去，我们不妨大胆预测一下，未来短视频用户数量还会进一步增加。

显然，短视频产品拥有一个巨大的、不断增长的用户群体，说是领跑整个移动互联网也不为过。当然，仅仅是看增长了多少，可能说服力还是有限的，毕竟随着移动互联网的普及，各个新生领域有增量也不算是什么新鲜事，可关键在于，这奔放的增量背后隐藏着何种商机呢？

从目前掌握的数据和情况来看，未来中国短视频行业会和电商有更加密切的联系，这意味着什么？这是给那些打算进入短视频行业的从业者打了气：只要你把内容做好，就不愁没有合作伙伴！另外，随着5G时代的到来，短视频用户的体验感也会进一步增强：网速更快了，哪怕你加了50元钱的超大特效视频也不会卡顿，用户甚至会更喜欢看，这不就是大家期盼的“第二春”吗？而且，5G时代带来的变化可不仅仅是网速，更是一种全新的情景体验：你能看到的一切都可能连接到一台电脑上，你的电脑、电视会同步播放“学猫叫”，你的冰箱、床甚至是马桶也可能加装了显示器跟着一起“喵喵喵”，因为它们也有播放视频的需求了！看看吧，这就是短视频行业迎来的爆发期。

对于新人还有一个利好的信息，那就是素人的影响力开始不断飙升。只要你有才华，只要你敢想敢干，人人都有机会成为头部短视频的输出者。其实对电商来说，扶持一下素人也是不错的商业策略，或许单个素人的影响力有限，但是多个素人聚合起来，其产生的基数优势也不容小觑，所以即使现在才进入短视频行业，也照样能大概率存活下来。

当然，“存活”只是最低标准，最终目标是变现。对于这个问题大可放心，从目前掌握的数据来看，短视频用户不仅增量和存量都很惊人，而且使用时长也在逐步攀升。

根据《2020中国网络视听发展研究报告》统计，截至2020年6月，短视频以人均单日110分钟的使用时长超越了即时通信，成为当之无愧的消磨时间利器。这些数据都足以证明短视频用户存在着较高的商业价值。

2021年1月5日，抖音发布了《2020抖音数据报告》。报告中提到，截至2020年12月，抖音日均视频搜索量突破4亿，日活跃用户突破6亿（见图1-1）。这些数字意味着抖音正在成为一个由流量制作而成的超级大蛋糕，时刻等着有人去品尝。

图1-1　《2020抖音数据报告》截图

那么，怎么才能品尝蛋糕的美味呢？种草！现在借助短视频营销的模式已经趋于成熟，只要你弄懂了规矩，很快就能上手，底气在哪儿？在广告主身上！现在广告主的投放重点正在从“双微”（微信和微博）向短视频平台迁移，投放微博的广告主48%转投了抖音（2019年数据），有这么多金主关注着短视频，你还怕没人愿意掏钱？2020年，有业内人士粗略计算，整个短视频的广告市场规模约为350亿元，正在刺激更多的广告主掏腰包。

也许有人会担心：用户多了也不代表着愿意花钱的人就多啊。根据中国广视索福瑞媒介研究发布的《2020年短视频用户价值研究报告》可知，从2020年下半年开始，短视频电商转化率已达56%，而直播带货的爆发更是助推了短视频的电商商业化程度，有52%的用户在短视频平台看过直播带货，其中近半数下单购买，这意味着短视频正在成为吸引用户花钱的“线上导购”。

地球人都知道，年轻人是短视频平台的增量主力，根据CBN Data的统计显示，2019年在美妆领域，线上彩妆中国货品牌的数量和消费占比都比2017年翻了将近一番，其营销价值越来越大，所以企业的品牌营销阵地转移到短视频是大势所趋。根据业内数据显示，2019年抖音达人广告收入超过30亿元，快手不到10亿元。2020年，有消息称，字节跳动当年国内市场的广告营收将达到1800亿元，而抖音贡献了近60%。快手方面尚未公布广告收入的详细数字但快手在2021年2月2日于港交所上市，如今市值过万亿，体量也不容小觑，一场大战已经悄悄打响了，获利的可不仅是巨头们，还有正犹豫着要不要进入的你。

记得在2018年快手年会上，大屏幕上播放了一张飞机突破音速飞行时产生的音障图片（见图2-2）。当时把很多人看愣了，后来大家才明白，这是在寓意快手经历挑战之后产出了亮眼的成绩，快手的明天会更好，因为整个短视频行业的明天会更好！

图1-2　2018年快手年会上播放的音障图片

现在短视频不仅商业前景看好，也得到了国家和政府的肯定。2019年两会期间，人民网开启直播模式，对全国人大相关负责人答记者问的各种发布会进行重点挑选，然后剪辑成短视频播放，每一条短视频都拿到了上百万的播放量。按照目前的短视频发展速度来看，各大短视频平台的战略重心，很可能会从拓展用户升级到深度挖掘用户价值、增加用户黏性，这代表着每一个用户和内容输出者都会得到重视，都是变现的一部分。

2020年，中国的互联网营销市场总规模达到10 457亿元，其中视频广告收入规模约为904亿元，和2019年相比增长了64.91%，其中短视频广告增幅达106%，而长视频广告的增幅只有25%。有了这么多大数据的支持，我们可以大胆预测，未来短视频行业会迎来爆发式增长，会成为让更多从业者受益的“变现年”，谁晚来一步，谁就少分一杯羹。

这几天杨紫收获还真不少，她在网上检索到的大数据新闻，已经很具象地描绘出短视频未来的美好前景了，不过这对杨紫来说还是力度不够，毕竟她是一个没怎么刷过短视频的小白，抖音、快手这些APP一个都没下载过。不过，在杨紫看到大数据表格的第一眼时，她的脑子里并不是一片空白，因为她马上联想到了让她“痴迷烧脑”的一位网红——每晚6点半淘宝直播间打卡的“李佳琦”。

2 一周涨粉360万，不是每个网红都叫“阿力木”

杨紫知道阿力木还是从“你这背景太假了”这个网络名梗开始的。那时候她是在别人的手机上无意中刷到了一条鬼畜视频，只见阿力木被P到了各类视频中，在喊着“你这背景太假了？你再说！假吗？”之后转身冲到后面的背景中，一会儿踢倒了路灯，一会儿跑到了月球，让杨紫看得咯咯直笑。不过后来，杨紫从别人口中得知，阿力木其实是一位来自新疆的带货主播，“你这背景太假了”的名梗其实是有来头的：因为阿力木在直播带货时总会变换不同的背景，于是就有网友质疑背景是P上去的，阿力木为了证明自己没有造假，把一个桶扔到了身后的小河里，结果桶瞬间被水流带走，阿力木狼狈地追赶。正是这一系列的神操作，阿力木一夜涨粉40多万，一周全网涨粉超过360万：快手涨粉131万，抖音涨粉160万，B站涨粉70万。阿力木的爆火也提高了他的身价，据说有20多家广告商开出了10万一条的价码（十几秒的广告），算下来一秒价值近万元。

近年来，直播行业可谓动荡与机遇并存，特别是风靡一时的熊猫直播正式关站，对于整个行业来说相当于一次不大不小的地震。如何黏住用户、加速变现，这些问题已经成为各家直播平台不得不闭着眼睛琢磨的大事，而变现最成功的淘宝直播，或许给了整个行业一个新思路。

其实，直播行业虽然有震荡，可整体数据并不难看。随着移动互联网的发展和受众视听娱乐需求的升级，中国网络直播用户已经超过4亿，除了人们熟悉的秀场直播和游戏直播之外，新近崛起的电商直播大有赶超之势，而淘宝直播可谓一马当先，源源不断地进行流量变现。当然，这和其背靠的淘宝电商有密切的关系，自带着巨大的流量，已经让不少用户养成了边看边买的习惯。截至2020年12月31日的12个月内，淘宝直播产生的成交金额已经超过4 000亿元人民币，环比增长100%。

毫无疑问，直播电商的模式能够创造更丰富、体验感更强的消费场景。这种让主播和消费者实时互动的模式，能够快速增强商品的曝光率，还能拉动购买人群，简直就是线下商场的超级大导购，其销售能力和传播速度绝不是吹出来的。

现在，直播平台的细分化也更加有利于从业者们“跑马圈地”。其实在早些年的直播中，主播卖东西也是常见的套路，只不过没有形成专业化和规模化，基本上是抱着能卖一个是一个的态度，完全取决于主播的个人选择，和淘宝直播这种模式还是有区别的。

我们不妨分析一下，淘宝直播火爆的原因是什么呢？归根结底，这是品牌网红意识的觉醒。要知道在过去的几年里，大品牌基本上不认可“直播”和“网红”，很多主播带的货比微商卖的三无产品强不了多少，只有极少部分拔尖的才能和大品牌扯上关系。但是，到了2016年，网红和直播的流量影响力越来越明显。

2016年4月21日，由罗辑思维主导，围绕短视频第一红人papi酱的第一支贴片广告拍卖会在北京诺金酒店举行，最终以2200万的价格成交。就在当天，有50万人在刚刚上线不久的淘宝直播全程观看了这次备受瞩目的拍卖会，由此成为淘宝直播广受关注的高峰。从此以后，淘宝直播开始了迅速的成长并带火了直播经济，以直播为主轴，通过短视频和直播联动的方式持续深化内容领域的布局，开放了多个短视频和直播的入口。

淘宝直播的崛起，也带动了其他大品牌想要培养带货主播的念头，毕竟甭管多高大上的品牌，追求的都是以最高的效率把东西卖出去，而以淘宝直播为代表的直播带货，打破了传统的销售模式，解决了商家最大的痛点——信任。

以阿力木为例，他之所以涨粉很快，不仅是因为一个爆红的网络梗，最主要的是他几乎是唯一一个素颜出镜的主播，虽然形象有些糙甚至带点邋遢，但为人真诚。他直播带货的初心也是为了发展家乡经济，所以很多粉丝对他出售的蜂蜜十分信任，毕竟如今在各大超市、专卖店买到真蜂蜜的概率越来越低。2022年7月25日，阿力木在长达三个半小时的直播带货中，直播间累计观看人数达到3762.5万人，蜂蜜因为卖断货而被迫停止了直播。能够取得如此惊人的成绩，和买家对阿力木的信任有着密切关系。

主播和粉丝的关系，其黏着度远高于老商家和老主顾之间的关系，后者关系再铁，也不过是在一次又一次的交易中建立和巩固的，而主播和粉丝之间，交易关系并不是主要的。简单说，淘宝直播超出了传统电商的人与货之间的那种交流，是朋友与朋友之间、爱人和爱人之间的交流。这种关系营造下的信任感，其变现潜力是相当可怕的。

你有了粉丝，建立了信任关系，想卖什么货那都是顺水推舟了，甚至连珠宝这种高级货也能出现在直播间里。据2018年数据显示，淘宝和珠宝相关的直播场次每天不低于1万场，成为继服饰、美妆之外，主播人数最扎堆的品类。显然，当直播的带货能力被商家认可之后，谁的名头最响谁就是抢手的香饽饽。根据淘宝的大数据显示，直播核心用户的黏性很高，他们在淘宝直播的日均停留差不多是一个小时而且还有高速增长的趋势。

说得这么热闹，也是给新人们打打气，其实淘宝主播的门槛并不高，很多没有电商经验的主播照样干得风生水起，只要你把自己看成是电视导购，学着他们跟消费者聊聊天，就不会觉得有多难了，关键还是在于你和粉丝之间怎么互动、怎么沟通感情。而且，淘宝现在努力降低直播的门槛，这是为了更好地让流量下沉，对新人这么友好，新人还不赶快跟上来?

也许有人急不可耐地想了：如果我在直播间拥有一批基础粉丝了，怎么做才能最快变现呢？最直接的就是直播带货。不管你有没有货源都可以这么干，当然如果是自己囤货的话可能有一定风险，不过利润空间更大，没有货源的话要看和供应商之间的协议。另外，发货延迟、断货断码这种意外事件也会影响到你和粉丝之间的对接。

那么，除了直播带货之外，还有别的变现渠道吗？当然有。

如果你在淘宝升到达人级别，就可以借助淘宝官方用来连接达人创作者和商家的渠道变现。你可以发布自己的报价，有专场和拼场，专场报价高，拼场报价低，接着商家就会根据你过往的直播数据和报价决定是否要投放，相当于是自己卖自己的人气。

另一种变现方法是发布招商链接。这个变现方法就不是王婆卖瓜的模式了，而是充当中介，在自己的直播间发布商品链接，把有合作意向的商家招揽过来，自己赚佣金。在淘宝直播体制下，佣金能够直接结算到淘宝联盟中，十分方便。

除了以上两种方法之外，跳出淘宝站内的限定，作为主播还可以通过打赏、品牌广告投放等方式变现。当然这比较适合那些粉丝群体庞大、想要赚更多钱的主播。

淘宝直播的进店转化率从2018年的60%提高到了2019年的65%，可见其增速十分可观。这也意味着，在淘宝之外已经有很多用户养成了直播购物的习惯，淘宝直播正在成为一个重要的流量入口，同时它也是一个风口，不仅能把一头肥猪吹上天，还能把很多梦实现。

分析了淘宝直播的现状之后，杨紫总算领教了这些年收入百万千万的大咖们是怎么“圈钱圈粉”的，当然她也看到了这些人的努力和付出，今天的红人昨天可能是默默无闻的，坚持是非常重要的成功法则。根据2019年淘宝的官方数据，一直坚持直播的头部主播大概有80多个，年平均直播场次超过300场，单场直播平均时长接近8小时，他们当中的很多人都是全年无休，连去酒吧的时间都没有。看到这里，杨紫有些兴奋也有些彷徨：我是当一个爆红但没休息的主播呢，还是当一个默默无闻时间自由的杨紫呢？算了，酒吧本来就没啥好玩的！

3 名牌&明星代言人

宿舍里的人都知道，杨紫是一个很“花心”的人，这倒不是因为她喜欢劈腿，而是她迷恋的小哥哥可不止一个，例如肖战和王一博。王一博带货的海飞丝大礼包，杨紫可是宿舍里第一个带头买的，还给别人种草说用了以后能够洗掉三千烦恼丝。姐妹们说她是忠诚的“老婆粉”，她还不承认。现在，杨紫回头去看自己身上发生的事，终于明白明星代言名牌能带动多大的销量了。2019年，雅诗兰黛请肖战代言，1小时销售额突破4 000万元，这种借助流量明星打响的预售战，成为2019年“双十一”各电商平台和品牌的新玩法，让商家玩得不亦乐乎，粉丝也追得不亦乐乎。有一天刷微博，杨紫还听说薛之谦把自导自演的小电影发在了抖音平台，20分钟的短视频，在抖音上被剪成了三段，结果获得了累计的1 000万以上的点赞量。不过，明星带货到底和网红带货有什么区别呢？杨紫还真想了解一下。

如今，明星直播带货的风潮愈演愈烈。2019年，李湘在淘宝直播的月成交销售累计突破1 000万元，微博名都从“主持人李湘”改成了“主播李湘”。在快手上，柳岩和十几位网红以喊麦的方式直播带货，一边喊着“老铁”一边“双击666”，3小时销售1 500万。就连四大天王之一的郭富城，也亲自下场推销洗发水，5秒钟卖出16万瓶……

在这之前，大家对明星直播带货的画面简直不敢想象，因为明星在人们心中是充满神秘感的，代表着高端大气上档次，相比之下，卖洗发水这些应该是小网红才做的，可现在事实摆在这里：明星们自带粉丝，带货直播更有优势。对于消费者来说，能够和明星直接互动，花不了太多的钱就能用上明星同款，这种快感在过去连做梦都不敢想。

说到底，这种有些魔幻的错位，就是互联网扁平化带来的结果。明星们看似“降低”了身价，其实一个个赚得盆满钵满，消费者也有钱难买我乐意，商家更是数钱数到手软。

明星直播带货的客观诱因也和大环境有关，比如影视行业的寒潮期。最近两年，受疫情等因素影响，影视行业进入低谷，影视剧数量减产，投资项目减缩，针对明星的“限薪令”政策更是让很多明星收入下降。投资人捂紧了钱包，影视行业也变得冷静起来，过去只要有流量、炒IP就能轻易赚到钱，如今已经行不通，流量明星的流量在影视剧变现的道路上不再受欢迎了。既然无戏可拍，那么直播带货这种形式既能够解决经济问题，还能获得更高的关注度，所以看似是明星掉身价，其实不如说是让直播变得更加高大上了。当然，明星在带动直播的同时也给一些小网红造成了冲击，因为面对这种自带粉丝的竞争者，也不是谁都能顶得住的。

移动互联网的迅速发展，其实改变了人们获取信息的媒介，短视频的崛起成为大众的主要娱乐方式，电商直播带货自然也成为一种新的消费形式，所以明星带货不仅仅是一种谋生手段，也代表着未来的发展趋势。毕竟，明星直播带货也为平台带来了新的流量。包贝尔做了一场直播，1个小时的直播最高人气高达200万，单场粉丝增长了200多万，总榜超过了500万。无独有偶，谢霆锋快手直播首秀当天，不少粉丝在直播间刷出了“我是来看锋哥，注册的快手”“以前没看快手，这一次冲着谢霆锋来了”的评论，这意味着平台通过明星抓取了更多的用户。按照这个趋势发展，平台也会加强和明星之间的合作关系，吸引更多的明星入驻。

在2019年4月27日“王者归来，无可祖蓝”直播卖货活动当天，王祖蓝就增粉244.5万，另有两百多万粉丝来自之前发布的活动预热视频。在直播开场之后，3分钟的时间内直播间人气突破100万。根据相关数据显示，王祖蓝直播当晚的平均在线人数都在120万左右，此外更有不菲的打赏收入——当天直播的打赏收入高达300万，其中第一名就刷了103万。这次直播王祖蓝一共销售了7款商品，预计正常销售额突破千万。

想想看，一场直播带来了五百多万的粉丝增量、三百多万的直接收入，以及千万的销售额，这已经不是明星们选择一种养家糊口的被迫之举了，而是比上综艺、拍影视剧带来更多的收益。

抛开明星个人的选择，直播带货的庞大用户基数以及高效的变现模式，其实是在冲击着传统的广告营销模式，比如明星代言，这种缺乏互动、单调死板的方式和直播带货有很大的差别。所以现状就是，直播带货越来越受到品牌青睐，明星们为了巩固自身的商业价值，避免好不容易积攒的人气流失，也找到了新的出口。

当然，明星带货也不是那么一帆风顺，翻车的大有人在。明星在网络上“摆摊”，是一种跨界，也是一种身份转换，需要重新认识自己，找准自己的优势，认清自身的弱点，才能把货卖得更多。比如，服饰穿搭和美妆等产品，明星穿戴整齐往那一站，本身对粉丝就形成了一种吸引力，是挂好了招牌的，种草成活率很高。

抛开明星自带的光环，单从消费者的心理上分析，粉丝们之所以追捧爱豆卖货，也是源于一种强大的信任感，因为哪个明星也不会为了推销假货而毁掉积攒多年的口碑，这就比一些小网红、微商要靠谱得多。而且，当明星和粉丝增加了互动之后，会拉近彼此的距离，让明星变得更加接地气，能够进一步地吸粉。所以，平台、品牌、明星和消费者都能获得好处，这样的营销模式会继续走下去。当然，如何平衡他们之间的关系，怎样让合作效能发挥到最大，这就需要不断去摸索了。

你看，大学生该干的事，杨紫一件没少干。大学生爱追的星，杨紫也一个没少追。可是，杨紫从来没想过，她的爱豆：肖战、王一博们，和没事就在宿舍里和她斗嘴、自称“老娘一分钟赚十块”的徐潞，竟然站到了直播带货的同一个舞台上，让杨紫的心开始燥动起来！

4 在抖音实现人生逆袭

要说杨紫学校现在的红人是谁，徐璐说第二，没人敢争第一，这可不光是因为人家躺着就能赚钱，而是上演了一出大家最爱看的人生逆袭大戏。想当初，徐璐刚入学的时候，成绩回回垫底，挂科是家常便饭，每个老师的课她都补过考，到最后她只要是答58分，老师准给她60分，这是因为可怜她交的那些补考费。徐璐这段悲催的人生经历直到大三发生了变化。

那一年，徐璐有个老乡做直播，2分钟不到的视频在末尾放出广告就有上万元的收入。徐璐很羡慕这种盈利方式，但也发现了问题：第一，不懂得扬长避短，徐璐的老乡是什么活儿都接，有一次推销笔记本电脑竟然说显卡数字越大越好，搞得口碑贬值；第二，没有认真分析粉丝，完全是对着屏幕做硬广，浪费了宝贵的资源……徐璐总结经验教训之后，把自己包装成有点文艺范的女文青，然后从抖音入手，先是自己拍小段子，然后找了几个靠谱的合伙人，一个视频一个视频地拍，起初真是赔本赚吆喝，后来涨粉了，就一步步火起来了。

说起抖音直播，很多人听着都很耳熟，可我们如果把这个词拆解一下会得出什么结论呢？其实不就是“小程序+直播”吗？但谁都能看出来，这其中隐藏的变现潜力是巨大的。看过抖音直播的人都知道，这种直播形式能够给消费者更详细、更丰富的商品信息，能够最大限度地提升用户对商品的点击和转化，还能够精准地获取到用户信息，帮助商家引流。那么多人刷抖音，那么多人因为抖音而爆红，其实就是在碎片化的场景下吸引到了用户的注意力。一边看着视频一边就能一键购买，这种短途的转化放在过去简直想都不敢想。

当然又有人怀疑了，毕竟我们不是头部网红，也不是流量明星，玩抖音直播真的能赚钱吗？根据2019年智联招聘发布的报告显示，三季度直播的平均薪酬为9 423元/月，2020年上半年，直播带货的平均月薪为11 220元，虽然增幅不算明显，但在全行业中依然处于较高水平。可别忘了，以上数据代表的只是平均薪酬，就像你和比尔·盖兹平均之后会拉低人家的身价一样，我们虽然不能像李子柒一样年入过亿元，但赚钱是板上钉钉的事儿，而且弄好了是要赚大钱的。

别担心你的粉丝不够多，如今互联网的发展早就突破了圈层的限制，每个人都有出名的机会，普通人能够在各种渠道通过输出内容和观点来表达自己，看起来很不起眼，但是只要掌握了技巧、抓住了机会，成为意见领袖还是大有希望的。

如今在抖音上，直播的变现途径主要有两种，一个是卖货本身带来的收入，另一个就是粉丝送礼。曾经有一段时间，抖音出现了非真人的带货模式，后来平台进行了整顿，鼓励大家真人出镜，而且加强了对主播的扶持，这是为了加快短视频带货的规范化。对于新人来说，前方的路已经铺好了一半，走不走完全取决于自己了。

平台铺的路还不仅于此，现在抖音的策略是，会将带购物车的电商视频推送给感兴趣的用户群，如果主播同时进行直播则会发出提示，这样就等于给直播间输送了巨大的流量。所以，如果你足够用心去做，很容易打造出爆款的推广视频，这样既可以赚取可观的佣金，还能利用爆款视频的曝光给直播引流，简单说就是“视频+带货+直播”的方式，让带货效率更高。

经常刷抖音的人都知道，“音浪”和“抖币”都是抖音的虚拟货币，粉丝在观看直播的时候可以向达人赠送抖币（6元钱大概能买到42点抖币），达人获得的总收入就是音浪，音浪越高人气也越高。抖音上，坐拥2 000多万个粉丝的高火火差不多发布了100多个作品，获赞1万个多，曾经在直播中收获133万音浪，成为当周破10万的主播。而且，现在抖音已经形成了比较成熟的支付体系，提现比例大概是7:1，只要在“我的”选项中进入“钱包”兑换就行，全职做主播，收入也有保障。

简单说，抖音上的直播带货完全依赖于人，主播本人和粉丝之间的互动关系很重要，但是如果你的粉丝不够多，也不意味着就没戏了，还可以通过高质量的短视频内容进行带货，玩的不是人气而是创意，一旦脑洞大爆发，进入王者级别的流量池里也不是问题。抖音上有个手工达人叫“囚徒”，平时会拍下自己做手工的过程，于是直播时就会有很多粉丝在评论区询问哪里可以买到他使用的工具、有没有开网店等。这就是用内容去带货，时间一长粉丝数量也就跟着上涨，而且这种带货形式显得很“被动”，完全是粉丝主动求种草而不是被安利。

至于主播需要带什么货，其实除了平台不允许的，其他都可以。如果是爆款产品，已经有人在带货了，我们也不要慌，可以重新找一个创意点进行内容的二次创造，同样有可能再次大火。另外，除了在挑选货品之外，还要学会甄别供应商，寻找靠得住的供应链，这样才会有更好的转化，其实就是借助私域流量（不用付费，可以在任意时间、任意频次、直接触达到用户的渠道）去变现，比公域流量（搜索某个关键词能够直接展示在你面前的内容，以及各大APP公开展示的内容）的效果要好很多。

说白了，对于抖音直播来说，首先，要懂得如何定位，比如你是有颜值还是有才艺，是会搞笑还是会科普，只有找到一个合适的位置才能做好内容，不然流量就跑到别人家里了。其次，去挑选自己种草的范围，是美食还是美妆等。再次，要考虑货品背后的商业化细节，比如渠道供应等。最后，维持好和粉丝之间的互动关系，别因为断货、说错话之类的把粉丝赶跑了。

当然，有的人自己能出货，不用代理效果也不错，比如有的主播自己制作手工皂，积累了大批粉丝，每天至少50个订单，因为是自己的东西，带起货来如数家珍，谁也干不过你，还做足了产品差异化，粉丝能不愿意掏钱购买吗？

随着直播带货这个形式的走红，现在抖音直播和淘宝直播基本没什么区别了，直播页面可以显示电商的购物车按钮，边看边买一站式消费。一些百万粉丝的抖音大号，甚至在视频中直接就放出了淘宝购物的直通链接，妥妥的卖货郎上身，不矫情不遮掩，粉丝直接可以从主播身穿的旗袍跳转到天猫店铺里，转化快、精度高。

说到底，互联网赚钱的公式就是用流量变现。那么我们可以反向思考一下，凡是不能进行变现的运营都是一种资源浪费，而抖音就是一个拥有着庞大流量的平台，有越来越多的人进来，也有很多人胡乱摸索一阵没有收效，就吵吵着不能赚钱，其实这是没有找准方法或者没有坚持下去。在抖音上，并非站在金字塔尖才能出头，只要你能抓住一个亮点，即使是底层的砖也能变成闪闪发光的金块。

没想到杨紫还真是一头学习的野兽，经过一段时间的潜心研究，她已经对抖音直播的情况了如指掌了，对于那些百万粉丝的大主播也如数家珍。一次，杨紫回宿舍撞见了徐璐，想跟她聊聊抖音上的见闻和想法，顺便想给徐璐出点建议，毕竟杨紫也曾经是学霸啊。可没想到的是，徐璐根本不理会杨紫嘴里的抖音，而是直接拐到了快手上，让杨紫听得一头雾水：这个快手和抖音有什么不同呢？

5 “南抖音，北快手”，一个都不能少

不学不知道，一学吓一跳。杨紫刚刚熟悉了抖音，这又马上开始下载安装快手。她原本以为，既然都是差不多的APP，装一个就可以了嘛，就像有了百度搜索还有必要安装360搜索吗？可是杨紫还真是想错了，她注册完账号进入快手一看，才发现这里和抖音有挺大差别，难怪徐璐手机里装了那么多同类APP，看来这里面有些门道！

说起最近几年火爆的短视频APP，恐怕当属快手和抖音

了，网上也一直流传着“南抖音北快手”这句话。只要是接触过这两款APP的人，不难发现它们的区别，抖音展示的是城市青年的“玩法”，快手则展示城镇青年的“活法”。当然，这个并非真的给它们定了性，说到底也不过是一种概念捆绑罢了。

那么，为什么抖音和快手会有南北之分呢？其实两家公司都在北京，并没有地域上的差别，可能差就是差在用户群体上，快手给人的感觉就是“吃大蒜”的，而抖音就是“喝咖啡”的，一个土味一点，一个洋气一点。当然这种划分有些简单粗暴，带有一定的标签性，实际上只是针对人群不同而已。

其实从抖音和快手上，我们能看到最近几年的短视频风向是越来越碎片化，很多用户不过是休闲一下，从中找一找乐子罢了，所以才偶尔出现猎奇和审丑的现象。

要是论资排辈，抖音妥妥地在快手之后，但是抖音的发展速度却非常快，从2018年开始出现了大爆发，各大媒体上都能看到有关抖音的话题，这种发展速度甚至连抖音自己都没有想到。其实，抖音的产品定位原本是音乐创意短视频社交软件（见图1–3），主要是打造年轻人的15秒音乐视频社区。但是发展到今天，我们当然还能看到不少音乐视频，不过这已经演变为其中的一个小分支了，这说明抖音的发展规模早已经跳出了预先划定的商业范围。

图1-3 抖音的宣传语

根据云千大数据统计，抖音目前吸引了大量音乐、视频垂直领域的自媒体用户。这些用户大多数分布在一二线城市和地区，以“95后”居多，他们都是二十七八岁以下的年轻人。抖音之所以贴近这部分人群，是为了让用户在娱乐化的同时让平台变得年轻化，而年轻就是发展后劲，就是潜在的生产力。

相比之下，快手的人群多数在三四线城市，受众人群定位为“70、80后”以及“95后”之前的用户，所以从年龄上也能看出两个平台用户的差别：一个是专注年轻人，另一个偏向成熟年龄但并没有明确定位。当然，年龄是会变的，随着越来越多的“00后”出现，抖音可以承接这一批年轻的用户，而那些年龄增长的用户，说不定某一天会离开抖音改去快手。

虽然快手上“怪人怪事”多一点，但不能简单地用土味去形容它，不如叫“乡村小咖秀”更友好一些。快手上的主播们大多擅长的是喊麦这种粗犷有力的号召形式，有点像信天游或者船工号子，听起来十分狂野和豪放。相比之下，抖音则是典型的婉约派，以固定的背景音乐和台词为基调，讲的不是下里巴人而是诗和远方。

城镇乡村和繁华都市，基本上构成了快手和抖音的背景画面。当然，主播们的地域身份并不影响他们选择快手或者抖音，主要还是价值认同。快手讲究的是真实和粗糙，抖音强调的是精致和细腻。归根结底，抖音和快手的团队也都知道自己的用户群体，所以就采取了不同的运营策略，这也使得双方都有市场。当然，如果你是一个新人主播，在选择抖音和快手的时候，除了要分析自己的特点之外，还要懂得两个平台的不同江湖规矩：快手是去中心化，每一个热门视频都是一个个点击出来的，粉丝数量权重很低，每个人都有出头的机会，但是想成为大V就不太容易了；抖音更强调运营的力量，如果你有幸成为头部生产者，那么很容易会产出更多的优质作品，也能获得更多的优惠政策，但是熬到这一步却并不容易。

话又说回来，现在高铁、飞机都可以在几个小时让你穿行于天南地北了，人们的审美怎么会限制在互联网上的南北划分呢？当抖音的受众群体扩大之后，难免会吸收快手的风气。快手在遭遇挑战之后，也会学习对方的长处，毕竟谁也不愿意自己被贴上“土味”的标签。至于你如何选择也不需要在乎别人怎么说，脑子清楚一点就行了。

了解完了抖音快手的各自特点之后，杨紫有点犯难了：到底以后主攻哪一个平台呢？要按照她过去的思维肯定是全都拿下，毕竟“鸡蛋不能放在一个篮子里”嘛！可她最近也听徐璐说了不少“精准定位”“用户沉淀”之类的新鲜词儿，也就明白了全面开花的结果可能是全部旱死。思前想后，杨紫决定打电话给徐璐，让她给自己指一条明路，没想到徐璐却告诉她：别急，先了解一下公众号直播！

6 新物种：“公众号+直播”

杨紫第一次接触公众号，还是上大一的时候，那时候流行咪蒙的文章，作为一个新独立女性，杨紫很快成为她的拥趸，不过后来咪蒙的一些文章让她困惑不解，她搞不清自强的女性到底是什么样？渣男和直男到底有什么区别？再后来，杨紫的注意力又转移到一些时事评议类的公众号大V上，想开开眼界，清清大脑，总之，她对公众号的认识也不过如此了。现在经徐璐指引，真是不看不知道，直播太奇妙，原来只是以为聊聊天的微信，竟然也和直播带货扯上了关系。过去，杨紫登录微信，不过是为了刷刷朋友圈，看几篇公众号文章而已，现在有了直播，杨紫才发现短视频的世界是这么大，如果借助认识的人推自己一把，那培植粉丝不就更容易了吗？带着好奇，杨紫一头扎进了公众号直播里。

对于抖音快手这些短视频平台，很多人已经再熟悉不过了，现在还有一种新的玩法，就是微信公众号直播。

公众号其实对很多人来说并不陌生，刷刷鸡汤文，追追热门的新闻评论，看看最近的影评……对于多数人来说，公众号的作用也仅仅如此，但是如果说公众号也可以卖东西了，相信有些人会很好奇：难道是微商的另一套皮肤吗？当然有人会更关心另一个问题：微信公众号直播能不能像淘宝直播那样赚钱呢？

别的先不说，单说微信的受众群体，比淘宝有过之而无不及。要知道，直播带货玩的是转化率，这对微信来说可是一点也不虚的，不夸张地讲，微信直播

图1-4

带货，可谓是顺应了腾讯“天生武学奇才”的体质。

一方面，在布局架构方面有优势。腾讯直播其实是对公众号内容的一种承载，而淘宝抖音等平台已经验证了这一模式的可靠性，所以也就省去了试错成本，可以有良好的获客效果。当然，有人会觉得，现在微信公众号的阅读次数下降了，打开率降低了，还能获什么客啊？这的确是一种现状，与其看成千上万字的长文，不如去看更直观精简的短视频，毕竟碎片化的时间也挺宝贵的，但是这种选择并不是“非此即彼”的。恰恰相反，直播工具的出现，并不会真的抢走公众号的流量，反而可以起到延缓公众号阅读下滑的作用。腾讯完全可以利用全家桶优势传帮带，借助人气还没有掉得很难看的公众号大V，结合当下火爆的直播起死回生，对消费者来说，这样也能提升一下好感度，毕竟有粉丝基础的大V还是有一定号召力的。

另一方面，变现之路走得更顺。这个问题恐怕是大多数投身直播的行业人最关心的了，直播电商是为了卖货，那么和公众号结合之后，可以轻而易举地打造很多应用场景，把用户牢牢地抓取过来，引导他们购买。腾讯直播能够让用户从直播间快速打开自媒体小程序商城，这个过程可以是瞬发的，完全不给用户犹豫和考虑的机会，直接让他们被内容创作者产出的硬广和软广“洗脑”，从而吸引更多有商业头脑的创造者加入进来，形成良性循环。

其实，任何一个微信公众号的拥有者，都能够依靠自己之前积攒的粉丝和影响力，以打造有趣的直播方式来获得粉丝的关注，这样就有机会把粉丝转变为客户。打个比方，你是一个专门写亲子关系的公众号大V，可以轻易地用文字虚拟出各个应用场景，让宝妈宝爸们感受到育儿的辛苦，那么这其中肯定离不开商品，从吃的补铁肉泥到穿的连体衣服再到早期教育，这些都可以带货，而且转化的成本很低，有人气的直接上，没人气的慢慢积攒一段时间，如果有一篇10万+转发的文章诞生，就能帮助你迅速聚集一批粉丝，而且定位精准。

当然，公众号直播带货同样需要在拥有者和粉丝之间建立牢固的信任关系，这样才能提高转化效率。同样，稳定可靠的供应链也是维系带货顺利推进的保证，缺少一个环节的布局，都可能给商家和拥有者带来负面影响。毕竟，和阿里巴巴相比，腾讯并非专业做电商的，目前直播的某些服务功能并不是那么完善，想要走变现之路的话，需要多了解一下再出手。

腾讯直播的确有自身的弱点，但同时也有淘宝不具备的优势，这些也是在选择是否要进入时必须考虑的问题。

首先，有更广泛的人脉资源。

淘宝也好，抖音也好，它们的直播带货不过是大型种草现场，转化率有多高取决于主播自身的魅力，而在微信上，即便你个人魅力没那么强大，只要有说得过去的人缘就会有数不清的间接人脉——“朋友的朋友”，而这些都是你斩获新粉丝的基础。所以公众号直播其实是第二环节，前一个环节是沟通和培养感情。看起来比淘宝慢了一步，但是只要这一步走得稳了，接下来的问题就都不是问题了。打个比方，当某个人在腾讯看到直播时，忽然发现直播的人自己认识，那么有商品需求的话会马上购买给个面子，这就多了一条获客渠道。

其次，沟通效果更好。

腾讯作为依靠即时通信软件起家的商业帝国，最擅长的就是做聊天情境，借助微信，你可以很好地与客户沟通，而且这个沟通是全天候的。虽然其他视频APP也能聊天和留言，但是就打开率来说，微信占有很大优势。而短视频APP上的人基本上都是陌生人，本身就不掺杂任何感情，说不定一句话惹火了就直接进了黑名单，这种情况在微信上就比较少见，我们即使没有主动和别人聊天的意愿，也会习惯性地刷一刷，这样就容易和粉丝保持沟通关系。

再次，后期服务更容易。

相比于微信，淘宝直播的方式锁客能力较弱，虽然用户未必是奔着一锤子买卖来的，可如果对主播的黏着度不强，很可能象征性地买了一次之后就换了其他地方，导致客源流失。但微信就不同了，它本身就是交流平台，即便彼此是弱关系，但只要保持联络，就可能维护下去甚至升级，而且在售后这个环节上，微信也更容易及时和用户沟通，这对商家来说也是好事。

最后，存在裂变空间。

微信是典型的熟人圈子，所以才会有被拉黑、被删除无法直接看到的特点，也没有阿里旺旺那种“已读不回”的尴尬。说白了，微信上的社交是在帮助人圆回面子，有利于形成属于自己的圈子，打造一个半封闭的社交生态系统。在这个系统之下，人和人的关系更容易走向和谐，不会轻易撕破脸皮，所以要更稳定和长久。

至于到底选择哪一家直播带货，还是要看自己的优势在哪里以及不同时期平台和商家的政策。不过像微信这种全国月活量最大的平台，本身就是一个取之不尽用之不竭的流量池，加上各种公众号都能连接到小程序上促成消费，具有强大转化功能，拼多多就是典型的成功案例，我们可以大胆地预测一下，未来公众号直播也会成为一支不容小觑的主力，因为用户离它最近。

短短的几天，让杨紫了解了公众号直播的发展前景，也了解了一些操作方法，像什么一键创建直播间、一分钟直播间装修以及快速传播朋友圈等，搞得她都有一种跃跃欲试的感觉。不过杨紫也很清楚不能操之过急，首先她没有徐璐那种破釜沉舟的勇气，其次她现在手里并没有内容甚至还没想好要做什么类型的短视频和直播，只有敲定这些她才能知道下一步该怎么做。

第 二 章

CHAPTER TWO

内容输出：

拼脑洞玩转流量池

你可以缺钱、缺人脉、缺资源，但是不能缺脑洞！短视频玩的不是高大上，而是创意，点子够多，画面好看，就不愁没有粉丝给你买单！

1 题材选择困难症：不要千篇一律地跟风

杨紫摩拳擦掌地准备创作短视频了，别说她还真下了不少功夫，连续几个通宵没怎么合眼，把抖音快手上大V拍的各种视频大致看了一遍，有手工达人的工匠大招，有音乐才子的吉他秀，有民间大锅乱炖的爷孙三代齐上阵，还有专门教人怼老板的搞笑段子……看起来杨紫的脑袋里被塞进了不少创意，可放下手机躺在床上之后，她又一阵头昏眼花犯迷糊，这倒不是看视频看累了，而是疯狂吸收的创意太多了，搞得她都不知道自己要做点什么了。在工地上翻跟斗，她没那个本事，也不敢轻易尝试；在琴房里弹古筝，她没那个才艺，也不想现学现卖，那她到底要拍什么呢？

思前想后，杨紫只好给徐璐发了信息，没想到大半夜的徐璐竟然在剪片子，她也没说那么详细，就简单回复了一句："什么题材都有可能火，关键是你能hold住哪一种！短视频不怕来得晚，就怕选错了吃饭的碗！"

拍视频是很多人的想法，可拍什么题材的视频就成了很多人头疼的问题。现在各大视频平台上的题材多种多样，看得多了反而有些摸不清方向，所以在琢磨着拍什么之前，首先考虑两个问题。

第一个问题：你选择了哪个平台（对应什么类型的用户）？

第二个问题：你擅长拍摄哪种类型的视频（对应什么资源）？

第一个问题解答起来并不难，你可以多留意一下热门的视频有哪些，大V都是拍什么类型的，这些就代表和影响了受众的偏好，如果你要做的视频和大V们的风格完全背道而驰，那么出头的概率可能不高。

要搞清楚第二个问题，你首先要弄明白自己擅长什么，有何种才艺，投入的资金有多少，其次是你个人擅长的创意方向以及身边团队擅长的方向，这些决定了你能在哪一类题材中崭露头角。

不过，以上两个问题对大多数新人来说，可能未必能起到答疑解惑的作用。比如第二个问题，很多新人手头资源并不丰富，也没有什么硬核的知识或者才艺，根本不知道做什么题材最好，所以还有一个答案可供参考，那就是从兴趣出发。

兴趣是最好的老师，这是一句被讲烂了的大俗话，但是用在短视频领域却很有意义，因为你要想长期制作优质的短视频，必然是需要持续输出的，如果没有兴趣的支撑很难持续下去。

好了，当你有了兴趣作为引导之后，可不要急着踌躇满志地上阵，因为你还要给自己留一手，那就是不要只选择一个兴趣点。第一次做视频总要经历试错阶段，在一定时间内你需要了解投放平台的播放量、点赞量以及粉丝量等数据，从而确认是否要专门制作某一题材的视频，毕竟受众的审美情趣也会随着时间的推移发生变化。

下面，我们就大体划分一下哪些题材适合制作成短视频。

第一，观赏性强的。比如舞蹈类和武术类的都可以，既能够锻炼身心还有娱乐价值，能够培养受众爱好运动的兴趣以及审美能力，现实意义强。当然，武术类的相对要粗犷一点，可能更多针对的是男性受众，那么在场地选择、服装搭配、背景音乐上自然要和瑜伽这些比较安静的运动方式有区别，也要注意解说词的搭配。

第二，技术含量高的。比如教人们折纸或者给手办上色、家电维修的视频，这一类视频需要连续展示过程，环环相扣，配合解说让人理解，也能展示内容创作者自身的才艺。

第三，生活常识类的。比如教人们穿衣打扮的视频，拍摄者未必具有什么专业知识，不过是比别人在某个领域多关注一点，这种内容学习起来也要比维修、烹饪这些要容易得多，特别是对闲暇时间比较充裕的家庭主妇来说很有吸引力，因为她们喜欢学习一些生活小窍门，又不想玩太烧脑的。

第四，美食烹饪类的。在如今这个吃货遍地的时代，很多人不仅爱吃，也在琢磨着怎么吃，而一道好菜制作起来必然有很多步骤，所以用视频展示出来可以看到细节。不过需要注意的是，因为短视频不过三五分钟的时长，不要选择复杂的菜肴，而且要在拍摄的过程中添加一些序号类的提示语，让受众快速掌握。

当然，有人看了这些分类之后会觉得很麻烦，想着别去做选择题了，直接抄答案算了，哪一类的视频最火就做什么！虽然听起来是这么个道理，其实并不是这么回事。

某一类视频能不能火爆，并不取决于它是否从众。为什么这么说呢？既然你是一个新人，手中的资源必然有限，你在某个平台上看到搞笑段子火爆了就想跟风，可你忘了比你资源更强大的团队也能看到，他们直接用钱砸过去，你还能模仿得过对方吗？所以，不是从众的思路不对，而是从众的模式存在风险。

竞争之道，永远是扬长避短，而不是取长补短。

看看各大视频平台，有些主播伶牙俐齿，可是并没有直接去拍搞笑段子，因为好段子的产出是非常困难的，所以他们选择了从家乡入手，当起了介绍风土人情的“自由导”，没有带团的压力，直接面对看不见的受众，把他们脑子里积攒的历史故事、家乡趣事全部掏出来，扒一扒村口百岁老翁的长寿秘籍，讲一讲村头大坑的盗墓故事，既发挥了口才又避开了热门爆款的压力，独辟蹊径闯出一条路，这就是不盲目跟风的好处。

短视频就是去中心化，别人能做的你也能做，但你未必真的要去做，而是可以选择另一个领域和他们竞争，一个人总有一点擅长的东西，你没发现并不代表着你没有，只是缺少发现的眼睛，哪怕是你想出了一个非常无聊的掰手指头的游戏，包装好了也一样能成为爆款视频。因为，你就是你，不一样的富硒大米。

经过了层层分析之后，杨紫原本剪不断理还乱的思路终于清晰了很多，她觉得自己最擅长的还是美妆时尚类题材，更何况徐璐在这方面也有相当的积累，有了这么一个强有力的靠山，还怕挖掘不到好的创意吗？不过，虽然锁定了一个大方向，但是真正开始构思视频内容的时候，杨紫又犯了难：应该是积极向上一点呢？还是玩一玩流行的丧文化呢？

2 立意：没点正能量拿什么反三俗

最近几天，杨紫在刷抖音的时候看到不少贴着正能量标签的视频，开始她觉得有点假，大家看视频段子不就是图一乐吗？要什么正能量呢！所以手一滑直接跳过，可是看了几个恶搞的小视频之后，她忽然觉得一阵阵空虚：难道自己在闲暇时间只是为了看假装犯病恶搞路人的么？怪不得在知乎上有人提出了“短视频是否在毁掉年轻人”的问题，要真是按照这么个审美情趣一路追下去，没准还被人家说中了。为此，杨紫特意关注了几个专发正能量段子的大V，别说，看了几个还真有些眼眶发热，也明白了一些有关人生和社会的感悟。于是，杨紫就开始琢磨了，如果自己拍视频，是不是也要在开怀一笑之后，给人们留点感动和思考的空间呢？

每个人都是生活的导演。

当你把这句话默念一百遍的时候，可能真的觉得自己就是个导演了。那么好了，你要拍什么片子总该心里有数了吧？想弘扬正能量还是解决人际纠纷，是为了逗粉丝开怀一笑还是加点哲学的凉拌菜？这些都是你的立意方向，有了立意视频才有灵魂。

当然，立意是你自己的事儿，受众能不能接受是另一回事儿，你如果把自己定位成独立电影的导演，那就得做好票房惨败的心理准备，所以作为一个刚接触短视频的新人还是不要冒这种风险，最稳妥的办法就是做一点正能量的东西，因为这一类的立意不会犯错，也不会被人说三道四，更重要的是能够和受众建立信任感。

信任，是可持续发展的关键。一个正能量满满的账号，或许不会有多么出彩，但至少不会犯错，不会招人反感，而如果你做恶搞的内容，恐怕难免会被一些人觉得低俗和恶趣味。

看看各大视频平台上的短视频，你会发现，如果是个人账号产出的内容，因为很多人并非专业人士，所以段子很容易趋于平庸，搞不好还会走向低俗甚至违规，这样的视频即便能火一阵子，也绝对缺乏可持续性，甚至面临掉粉和封号的风险，那还怎么变现呢？

简单粗暴点说，当你找不到立意或者创作方向的时候，先做正能量绝对没错。前几年流行一张图片，一个几岁的孩子和执勤的武警互相敬礼，看起来既温馨又有些诙谐，而且满满都是主旋律的诱人光彩，这样的视频放在哪个平台上都会有点击率和关注度，平台想推你也没什么后顾之忧。

或许有人会觉得正能量不好挖掘，其实正能量是最容易被发现的：你在上班路上捡起了地上的废纸扔到垃圾桶里是正能量，你给老爸老妈上交了一个月的工资也是正能力，你教育孩子要关爱小伙伴还是正能量……正能量不仅取之不尽用之不竭，而且能够藏在平淡的生活中。

提到平淡，有些新人恐怕坐不住了，因为他们搞不出好段子的一个痛点就是“生活太平淡了”。没错，你要是想在几十秒到一两分钟的时间里搞个大场面出来还真是比较难，所以聚焦到身边的生活才是正确的打开方式。正能量的立意，就是从水波不惊的池塘里捞出一块五彩斑斓的石头，水塘被震动泛起了涟漪，这就是看点。

网上有一段视频，讲的是湖北一位派出所所长对诈骗嫌疑人突然破口大骂，乍一看还以为是警察叔叔控制不住情绪“虐待”嫌疑人，可是当进度条持续推进之后，大家才知道原来骗子骗的是农村的孤寡老人，而且连85岁卧床不起的五保老人也不放过，有了这样的内容补充，大家对所长的失态就充分地理解了，而且会觉得这才是充满人情味儿的好警察。反过来看，受众喜不喜欢这种正能量的视频呢？当然喜欢，因为这里讲述的人和事很可能就发生在我们身边，谁看了都容易产生共鸣，也会觉得心里一暖。要知道，大家闲着没事看视频可不光是为了把嘴一咧傻笑，也是希望在“人艰不拆”的状态下收获那么一丝温暖和鼓励，而正能量就是满足这种需求的最好出口。

如果你愿意做一下调查，就去各大视频平台转一转，便会发现正能量的作品从来都不缺点赞，缺少的无非是发现它的眼睛。

2018年，快手和火山都因为传播涉及未成年人的低俗不良信息而导致负面的舆论声音，结果被国家网信办依法约谈，责令进行整改。其实，这也是国家在引导短视频平台的创作风向，一旦低俗的内容被更多的人关注，人们就容易失去正确的审美观念。

有人说过：“这个时代所需要的美，应该有助于人民去创造属于自己的有意义、有价值、有情趣的人生。”看完这段话你真的没有被触动吗？如果你是一个大V账号，粉丝都能够在你的引导下建立正确的三观，传递正确的价值观，你还担心没人愿意把你的粉丝变为最忠实的用户吗？

归根结底，有的人忽视正能量，是担心传播正能量不会在互联网上引起轰动效应。我们先不说短视频，就看最近几年的院线电影，从《厉害了，我的国》到《战狼2》，从《红海行动》再到《我和我的祖国》，这些主旋律影片照样有不少观众愿意花真金白银去观看，因为它既有正能量也着实好看，所以正能量从来不是绊倒你的那块石头。传播正能量，就是在弘扬真善美，让内容创作者和粉丝在相对纯粹的状态中互动，分享自己对美好事物的感受，这不正是短视频的“初心”吗？

抖音上有个叫“吴老师正能量”的账号，粉丝411.4万，获赞254.6万，内容就是以传递正能量的小段子为主，比如落难时向朋友借钱，老板维护员工利益，以情动人让大家不要酒驾等，都是一些我们在生活中可能经历的场景，也没有什么引爆眼球的元素，却能在2019年荣获国家级荣誉的一等奖，这就足以说明正能量的立意，可不是什么没有存在感。

往大了说，把短视频当成正能量的主阵地是每个网民的责任；往小了说，做正能量的短视频也是新手容易把控、易于产生灵感的创作方向，对社会对自己都有好处，那你还犹豫什么呢？

经过几天的思考和尝试，杨紫已经弄清了做视频的立意：一定要让当代的年轻人被激发起“生命力”，因为生命力不仅代表着积极向上的工作态度和生活的冲劲，对于短视频的内容创作者来说也是一种打卡率的异样方式：只有生命力上来了，好奇心才能被调动到最高，看什么都有兴趣，都有想要了解和探究的欲望，这难道不是短视频行业的好现象吗？

不过，说起探究欲，杨紫忽然又想到一个问题：既然要让受众燃烧学习的欲望，那自己在视频里是不是该加一点硬核的东西呢？什么最硬，当然是知识了！

3 知识点：加点干货，秒变万赞知乎精答贴

“看视频不就是为了消磨时间吗？谁还会为了学习呢？”

这是杨紫一个室友常说的话。起初杨紫觉得也挺有道理，可是最近她关注了几个专门传授知识的大V账号之后，发现躺在床上学点生活小技能、社交小常识也是挺有用的，就连她最爱看的职场搞笑视频里，也有不少段子加入了心理学、人际关系学以及职场生存技能等知识，算是小小地做到了寓教于乐。都说活到老学到老，现在网络这么发达，知识更新速度这么快，偶尔通过短视频充充电不也挺好的吗？

不过，杨紫对于加入干货这种事还是有点小忐忑，因为她不确定用户真的在意这些，万一人家在评论区甩了一句“我是来找乐的，不是来受教育的”，然后取关了呢？那

可真是太尴尬了。于是，杨紫又厚着脸皮给徐璐发了信息，想听听她的意见。结果，徐璐可能因为忙着外拍一直没有回复，无聊中的杨紫就随意点开了徐璐的朋友圈，结果发现了好几条科普类短视频的转发，点进去一看，不得了，都是上百万粉丝的大V，杨紫这才反应过来，原来大家还是挺有学习知识的劲头嘛！

上学的时候，很多人或许不是学霸，不过在离开学校之后，“学霸”这个词倒是火了起来，而且已经不再局限于学习好不好，但凡是看新闻能抓住重点的、听歌能记住全部歌词的、影视剧能找全所有穿帮镜头的都可以叫作学霸。看起来，大家虽然对课本知识没什么兴趣了，可是对于在工作和生活中学习一些小技能小手段还是不介意的。

由此我们可以设想，“学霸”也能转变为一种经济。那些学习怎么提高情商、怎么处理人际关系和情感问题、怎么对付老板的短视频一样有很多人追，不就是大家心中依然保有求知欲吗?

2020年1月，抖音发布了《2019抖音数据报告》（见图2-1），公布了2019年抖音的日活、用户分布等各细分数据。其中有一项数据值得人关注：2019年抖音上共有1 489万个知识视频，每条知识视频触达近10万人次，其中“向波老师”“只露声音的宫殿君”以及“玩骨头的卢老师”分别

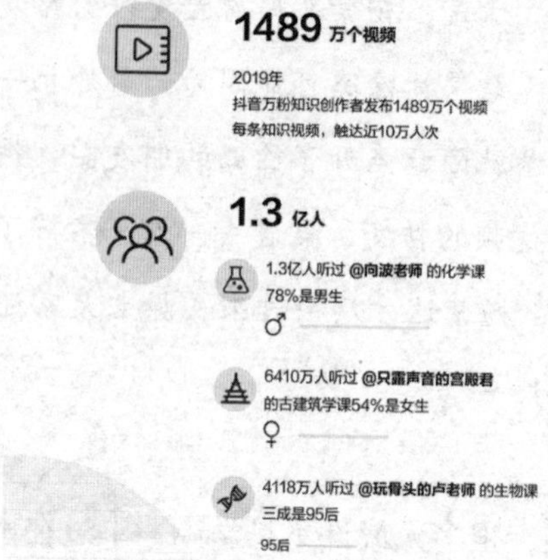

图2-1 《2019抖音数据报告》截图

成为化学、古建筑学、生物学细分领域的头部知识创作者。根据《2020年度抖音数据报告》来看，用户对知识类视频的兴趣依然不减，有至少5 000万用户在抖音学习。

“玩骨头的卢老师”本名卢静，因为在屏幕上目睹了可

图2-2 “玩骨头的卢老师”视频截图

可西里藏羚羊惨遭屠杀的画面，所以决心要保护动物，最后如愿以偿地学习了生物学专业。学有所成之后，卢静一直想要传播她的专业知识，让更多的人了解到生命的壮阔和万物的演化，于是大量发表科普文章、开展知识讲座等，然而效果很不理想，大家一听到骨头的构造时都觉得太难懂，根本没有深入了解的欲望。后来，卢静遇到了一位出版社的朋友，对方经常在抖音上做视频，就给卢静提出建议，用轻松诙谐的方式讲述生物学知识，卢静受到启发，就把吃过的鱼头、黄焖鸡、北京烤鸭的骨，拼成整幅骨架，给大家呈现出参观古生物遗骸的既视感，十分有趣。

抖音还有一个叫“泥石流”的账号，里面的戴教授眉飞色舞地张口李白闭口杜甫，历数着造访仙人、炼丹修仙的故事，把粉丝听得如痴如醉，不少人这才觉得以前的历史课是白学了。还有一个连脸都不露的“宫殿君”，只用声音就带着大家逛遍了紫禁城的各个地方，而且人家普及的还是有关故宫的冷知识和逸闻趣事，这一点很多资深导游都自愧不如。

只要你留意知识分享类的短视频，会发现随着各大短视频平台的发展，这一类的内容创作者越来越多，而且优质的比重不少，创造了并满足巨大的知识需求。

玩转短视频，可持续性非常重要，就是说你在产出内容的时候要考虑，今天有了一个精彩的段子，明天是不是还能有？后天还能继续吗？如果只是昙花一现，单个视频再火爆也无法帮助你持续涨粉。但是知识分享类的往往不存在这个问题：我拼骨头可以找无数吃剩的食材，我讲诗词歌赋还怕有讲完的那一天么？我讲名胜古迹就凭中华大地还能缺素材？可以说，每一个类别的知识都是讲不完的，只要你锁定一个方向，敲定一种风格，可持续性这个问题就被轻松搞定了。

当然，短视频分享的知识点，和我们上学时的文化课可不一样，因为受众的需求不同，他们可不是为了在一模二模中拿个好名次，有人只是想学学怎么保养轮胎，有人只是想了解拔丝地瓜的做法，所以追求的都是“小而精”的知识点，而这种接地气的知识点才更接近现实，也拉近了内容创作者和受众之间的距离。

抖音上有一位叫“珍大户”的金融律师，粉丝500万，她利用业余时间通过短视频给网友科普经济学常识，经过实践她忽然发现，其实大众的求知欲比我们想象得要高很多，比如在金融领域，很多人并没有接受经济学教育的机会，缺少对财富的基础知识，而每个人又难免遇到金融方面的问题甚至是纠纷，所以在日常学到一点经济学常识就能能避免一些损失。

短视频时代，知识的层次是丰富多样的，它们以多元化的形式共存，所以你不必担心自己没有高学历就不配给别人传授知识，其实只要你在某一方面有特长或者说不过比别人早了解、多了解一点，那就有资格跟大家分享。经济学是知识，生活小窍门也是知识，社会大众需要的知识是多种多样的。你可以充当一脸严肃的专家，也可以扮演一个热心的好邻居。总之，你找到一个清晰的定位就好。

知识类短视频丰富了平台，而平台的发展也带动了这一类视频的传播和固化，现在有很多知识创作者已经把短视频当成是传播和交流知识的首选工具，而不是像传统媒体时代那样著书立说了。换个角度看，受众通过短视频学习知识可不光是图省事，这也是一种全新的奇妙体验，因为这比学生时代在课堂上听老师讲课要轻松很多，也更有趣。

活到老学到老，人人都需要知识，短视频创作者也需要干货，即便你的视频主打的不是知识分享，那么偶尔插入一些常识、心得或者资讯，也是在帮助你的粉丝打破时空限制摄取有用的信息。

还有一个利好的消息是，现在不少短视频平台都构建了专属的内容池，比如专门为青少年提供寓教于乐的优质内容，而且这一块现在的占比并不高，还不能完全满足青少年对获取知识的需求，如果你有信心当他们的课外老师，这不正是一块纯净的蓝海吗？

此外，对于短视频学习碎片化的观点，北京交通大学国家级物理实验教学示范中心教师陈征接受媒体采访时说：

“短视频确实无法达到系统授课的效果，也不能培养出专业人士，但是起码能做到一点，那就是打开一扇门。我是教物理的，我的目标是通过这些碎片化的拼图，把一些基本的世界观和方法论展示给受众，尤其是青少年。当他们收集了足够多‘碎片’时，就掌握了它们内在的联系，也就能拼出一个完整的世界图景。”

在短视频时代，知识的层次是丰富多样的，它们以多元化的形式共存，所以你不必担心自己没有高学历就不配给别人传授知识，其实只要你在某一方面有特长或者哪怕比别人早了解、多了解一点，就有资格跟大家分享。经济学是知识，生活小窍门也是知识，社会大众需要的知识是多种多样的。你可以充当一脸严肃的专家，也可以扮演一个热心的好邻居。总之，能找到一个清晰的定位就好。知识类短视频丰富了平台，而平台的发展也带动了这一类视频的传播和固化，现在有很多知识创作者已经把短视频当成是传播和交流知识的首选工具。

在视频中塞入一点干货，这已经成为杨紫的设计思路了，可能因为她曾经也是一个学霸，所以特别享受学习知识以及传授知识时的快感，而且通过这么多调查反馈也能够证明用户的求知欲并不弱，更让杨紫心里有了底气。为此，她专门购买了不少科普类的电子书，想着自己成为科普达人时的风光。因为实在按捺不住创作的冲动，杨紫即兴写了一个短视频的小剧本，发给身边的朋友看，大家都说干货十足，还有娱乐性，一连串的好评夸得杨紫心花怒放。

杨紫一高兴就把剧本发给了徐璐，结果徐璐回复给她一个“汗”的表情，让杨紫刚刚热乎起来的小心脏顿时拔凉拔凉的。犹豫了片刻，杨紫小心翼翼地发了一个“？”给对方，很快徐璐给了她回复：笑点有了，知识点有了，你以为这些就够了吗？杨紫又发过去一个“？？”，这一次徐璐倒是回复得简单明了：泪点？

4 情感元素：这么拍就能把目标客户弄哭

说到泪点，杨紫倒是想起了看过的泰国广告，也许是一个看似平淡无奇的开头，然而很快就悬念丛生，紧紧抓住观众的眼球，再往后就是直击心灵，等到快结尾的时候才知道是什么广告。当然，有些短视频也有相似的模式，或者是幽默段子做铺垫，或者是一本正经地胡说八道，可看着看着就抖出个包袱让人泪流不止。其实，杨紫挺喜欢这种创意模式，只是她不知道该怎么将情感内容制作成泪点，又能和原有的内容不发生冲突。而且，让杨紫担心的是，如果泪点设置得不够巧妙，会不会被受众认为是在刻意煽情，这样只能适得其反，还不如老老实实地做普通的小段子。

无奈之下，杨紫又一次想到了徐璐，打电话向她询问短视频情感元素怎么加入的事儿，徐璐算是耐着性子听了一会儿，等到杨紫说完就问她："你看过的悲剧故事和笑话，哪个记得更清楚？"杨紫想了想说："好像是悲惨的事儿记得更清楚，好多笑话听完哈哈一乐就忘了。"徐璐说："只有痛才能够使人更加深刻。看个视频哭一会儿，可不是找罪受，而是合理地宣泄负面情绪。"杨紫一听眼睛就亮了："那我怎么把这些融入短视频里呢？"徐璐说："你去搜索一下'情感营销'再来和我讨论吧！"

新人难免会头疼：我要输出什么内容好啊？想破了脑袋还是摸不清方向。既然想得如此痛苦了，不妨换一个思路：你能在内容里加入多少感情元素？搞清这个问题也能让你的思路清晰不少。

打个比方，你恋爱经验丰富，脑子里积攒了一堆有关男男女女的浪漫故事，这些就是感情元素的载体，那你不妨顺着这个方向锁定内容类型。或者，你是一个喜欢小动物的人，猫猫狗狗养了一大堆，积累了不少素材，这也是感情元素的原料，那就不妨做宠物类型的内容。说到底，你在策划内容的同时不要忘记加入泪点。

问题又来了，泪点是什么？可不只是煽煽情骗眼泪，它有个更科学的名字叫情感营销。

还记得那个叫《啥是佩奇》的短视频吗？讲了爷爷准备礼物、儿孙回家的情感剧，既幽默又感人，还融合了当时人气很旺的“佩奇”这个IP，这就是抓住了受众的泪点，一下子就变成了现象级的火爆视频。

图2-3　《啥是佩奇》视频截图

那么，什么是情感营销呢？它是从受众的情感需求出发，激发起受众的情感需求，让他们产生心灵上的共鸣，说白了就是把情感加入你的营销策略中，替换掉那些冷冰冰的、直白的营销内容。记住，你面对的受众人群可不是一群固化的动物，他们是有感情的，亲情、友情和爱情能够打动他们，甚至一只猫或者一条狗也能打动他们，他们是有血有肉的人，那你就要创作有血有肉的内容，这样才能用情感去感染对方。

想想看，一旦你能够和受众建立情感连接，那就完全可以用情感去影响他们的消费行为了，于是你就拥有了获取分散流量的机会。可别觉得这种方法有点老甚至有点“阴”，不光你要这么做，就连世界知名的大企业可口可乐、雀巢、耐克等也特别擅长向用户灌输情感故事，引发共鸣，从而打开对方的钱口袋。

当然，知道情感营销的人并不少，可能玩好的人却不多，更多的都是反响平平、不起涟漪，看似切入一个主旋律的情感话题上，可真正让受众感动的元素太少了，都属于隔靴搔痒。其实，情感营销的关键不在于你找什么素材去打动受众，而是要站在受众的角度思考什么可以感动你，此外再加入一些有创意的个性化内容，那就算是做成了。而且，情感营销有一个好处，一旦你真地打动了受众，就很容易获得并带动病毒式的传播，让受众哭得稀里哗啦，极大地提升受众的黏着度。

走情感营销的路子，可以选择三种形式：

第一，短故事。

用讲故事的方式结合你要营销的内容，这个内容可不一定非得是某件产品，也可以是你的一个观点，比如“富养不如放养”，用亲子关系的故事去包装你的观点，让一部分受众认同，让不认同的和你争辩，这样热度有了，关注度有了，粉丝量涨上去了，也就成功了一大半。如果你博得了一些商家的关注，那就可以在后续的内容中软性植入各种商品，只要做得巧妙不突兀，那受众付账的时候也绝不会犹豫。

短故事主要走的是温情路线，不要做得过于戏剧化，要有生活感，而你也需要抓住一个点去展开，比如“教育孩子花钱”的问题，比如“夫妻化解纠纷”的问题，越细致越好，不过要注意能够不断延展，千万别做了几期之后发现没内容可做了。

第二，吐槽。

所谓吐槽绝不是骂街，你可以理解为是脱口秀的一种表现形式。这种路子主要是以说的方式去讲述大众比较关心的情感类话题，比如“男女朋友是否可以互看手机”“该不该介入好朋友的恋爱”等，争议性越大越好，这样关注度才能上来。至于如何吐槽，那也要看你有哪些个人特质：如果你幽默，那就多加点调侃，把严肃的事情说得跟段子一样；如果你睿智，可以用理化生的公式去重新定义爱情；如果你阅历丰富，那就多讲讲身边的真人真事……总之，要么一针见血，要么插科打诨，都要弄出特点来。当然这只是前期的铺垫，你还要在收尾的时候表达出一个正能量的立场和观点，不能只是把别人逗得一笑就完事了，要源于感情回归于感情。

第三，问答式。

既然叫问答，那就是有问有答，至少需要两个人去演绎，一个人相当于采访者，另一个人相当于被采访的对象，这个对象身上就存在着带有共性的情感问题，而提问者则是像剥洋葱那样一点一点地从表象深入到本质，过程中可以任意发挥博取关注，但是在进入本质时要有泪点，比如“我的男朋友偷偷联系前女友”，这是一个普遍性的问题，前期可以把男友定位为疑似渣男，可到了后面突然反转，告诉大家男友联系前女友是为了托她给现女友买限量版的包包，这样既有感动的元素，也讨论了如何处理和前任的敏感关系的问题。

不管你采用什么样的方式，适合你的才最重要，这是站在你的立场上来说的，而对受众来说，直击内心的情感诉求是首先要考虑的问题。需要注意的是，加入情感元素要把握好人物和情节两部分，它们决定了你的泪点是否足够有感染力。

抖音上有个叫“零号客房”的情感剧账号，一度增粉速度凶猛，曾经用8个视频就积累粉丝246万。之所以拥有如此高赞粉转化率，是因为他们塑造人物很成功，主人公并不是什么暖男，而是一个看起来有点暴脾气的店家，但是随着情节的推进，他们内心中善的一面会逐渐流露出来，反而显得更真实。除了人设有亮点之外，剧情也是精心处理，往往都是通过多次反转来呈现情感，这比一上来就煽情要巧妙得多，也更让人印象深刻。比如“零号客房”这个设定是临时应急的，是专门留给需要帮助的人，不用付一分钱，而这就是一个泪点所在。

短视频中从来不缺乏会煽情的人，也不缺少愿意矫情的人，但真能玩好情感营销的人，一定是首先懂得情感真谛的人，这就需要你在生活中多观察多了解，打开心扉，做一个有情有义的人，才能收获有情有义的死忠粉。

连着几天研究情感营销，让杨紫有些身心疲惫，不过也收获了不少东西，她也渐渐明白为什么徐璐以前总躲在被窝里看苦情电影了，也许从那个时候她就意识到能影响受众的感情是多么厉害的技能了。为了琢磨怎么合理地植入泪点，杨紫把那些感人至深的小段子翻来覆去地看了个昏天黑地，最后还找个机会和徐璐大讲特讲，俨然一个刚出徒的泪点专家。

让杨紫扫兴的是，徐璐瞪着一双卡姿兰大眼睛，直勾勾地看着自己，让杨紫浑身发毛，她问徐璐怎么了，徐璐把珍珠奶茶的最后一口仰头喝干，然后对着杨紫摆摆手让她凑过去。杨紫把头伸过去，徐璐拿起空空如也的奶茶杯问她：“你知道我刚才喝了多少珍珠吗？”杨紫一听扑哧笑了出来：“神经病啊，我数它干吗？”徐璐有些鄙视地瞪了杨紫一眼："这半天你光琢磨怎么让人哭了，可你忘了最重要的一样东西，那就是细节！"杨紫愣住了：细节？就像奶茶里还剩下多少珍珠吗?

5 细节：让客户打满分

细节决定成败，这是杨紫在上高中的时候就听老师说过的话，从那一天开始，杨紫无论是在学习上还是生活中，都特别注意对细节的把握，比如做卷子审题两次避免出错，再比如做菜的时候擦干净锅防止溅油……如今学习制作短视频，她也明白细节的重要性，可那些都只是制作层面的，关于视频内容的细节，杨紫并没有想清楚，毕竟她现在考虑更多的是方向上，可自从上次和徐璐碰面之后，那杯珍珠奶茶成为她久久难忘的记忆。现在回想起来，自己平时看电影的时候也喜欢给人家挑刺，现在轮到自己要做了，如果也到处穿帮搞出一些硬伤来，贻笑大方是小事，流失了粉丝才是真的要命啊。

虽然还没有正式操刀，但杨紫也开始琢磨着如何把视频内容的细节做好。她试着创作了一个小段子，故事情节构思清晰之后，脑子里剩下的就是画面了，包括字幕、贴图、背景音乐这些统统都在她的脑子里自动播放起来，可这么想毕竟还是纸上谈兵，也说不好哪些地方做得不足，于是杨紫又向徐璐请教，徐璐给她分享了几篇关于短视频制作细节的文章，杨紫立即贪婪地阅读起来。

如果你是一个注重细节的人，短视频就是你的天堂，因为你可以在里面尽情地给别人挑错；如果你不是一个注重细节的人，短视频也是你的天堂，因为你可以忽略某些粗制的细节。

从15秒到5分钟的视频，每个时间段位的内容都能给受众呈现不一样的感觉，不过有一点是大家都绕不开的，那就是瑕疵。这个瑕疵可能是内容本身，可能是视频标题，也可能是宣传文案……总之，瑕疵难以避免，你唯一能做的，就是允许一些正常的瑕疵存在。

估计有人不懂了，瑕疵还分正常或者不正常的吗？当然分了。正常的瑕疵就是你的粉丝能够允许存在的，比如你的服装没那么精致，你的演员没那么漂亮，再或者你带的货不够高大上，这些受制于你的定位、成本以及合作伙伴等多方面的因素都可能无法避免，但是你的内容够好，跟粉丝互动得够嗨，所以粉丝也能回报给你宽容的一笑。

说到这里可能有新人长出一口气：吓了老子一跳，早知道粉丝这么宽容，我还紧张个什么劲儿呢！醒醒别睡了，所谓正常的瑕疵是建立在你的账号够硬的前提下，如果你连个小V都搭不上边，一个死忠粉都没有，没有人愿意给你当“自来水”四处转发安利，那么你就别指望大家对你的瑕疵有多么包容。

细节决定成败，这是对新人来说的，对于已经做起来的大V来说，细节决定的是高度。所以，我们先不要考虑高度的问题，而是要琢磨一下怎么避免失败，那就是如何把经营短视频的所有工作做到位，别在一些受众无法容忍的问题上犯错。

第一，文案。

这个文案不是你的内容本身，而是内容的简介，它可以是站内的介绍文字，也可以是站外平台的注解，总之你是明星的话，文案就是你的经纪人，会向外界推荐你、展示你的实力。自然，好的文案决定了人们对视频的印象，而这个文案的长短非常关键：不要超过50个字，因为越是冗余的介绍越会招人烦，只有简练的介绍才能让不熟悉你的人被一眼吸引过来。怎么吸引呢？最常用的方法就是对话型的文案，容易产生悬念，而且显得平易近人，大家才愿意点进去看。打个比方，你想做一个关于家庭生活的短视频，就可以抛出一个问题：“老公的钱必须给老婆花吗？”一下子就能把男女受众都吸引过来，然后给出一个答案“必须”。如果是女性用户自然被捧了一把，顺手点进去看看，而男性用户可能有的会不服气，也想进去看你是怎么“强词夺理”，点击率就有了，播放量也上去了。

第二，封面话题。

在你的视频第一次发出去的时候，用户看完的概率高，点赞、评论、转发量高，这样就会有第二次推荐，这几乎在任何一个视频平台都是一样的。那么这第二次推荐就相当于第二次投胎了，你必须要把握住机会，否则就会错失涨粉的机会。怎么去把握呢？好好设计一下你的封面或者视频标签这些推荐性的内容，因为它不像文案那么长，最多一句话，最少几个字，所以一定要进行精确的总结，让受众体验“UC震惊部”的感觉。

第三，禁忌。

有的人刚一注册短视频账号，就急着在自己的视频里加上商标甚至是广告，不用说这是急着变现了，甚至还在个人签名里写上了微信号，希望赶紧成交几单。这么做的结果往往会让你和预期背道而驰，先不说刚关注你的粉丝买不买账，就视频平台来说，以抖音为例，如果你在签名里写上联系方式，很可能会被告知账号重置，让你无法随意更改，而如果你死不改悔，很可能会被封号。简单说就是视频平台会打击这种营销目的太过明显的账号，这就是心急吃不了热豆腐的典型案例。做视频的确是为了赚钱，这是利己，但是在你走到这一步之前，别老惦记着利己，而是要想想怎么利他，那就是如何让你的视频提供给粉丝有价值的内容，这一步走得稳了，接下来的广告营销就不是事儿了。

第四，更新。

更新不及时，这是相当多的用户最喜欢吐槽的东西，也是你重要的工作细节问题。因为很多大V都是在固定的时间段更新，时间一长粉丝也形成了生物钟，到点了就会点开你的主页。可如果上面没有新内容，哪怕是迟到了几分钟，也会有人觉得你不守时，甚至会因为时间的延迟而流失一部分播放量，让你的粉丝被变相引流到其他账号那里。

除了更新不及时会被粉丝催更之外，你所选择的发布时间也很重要，当然这主要是针对没什么固定粉丝的小白，因为这个时期没人会在意你几点发段子，但是如果你选择了错误的时间，很可能会对你养号造成麻烦。比如，很多个人账号都喜欢在晚上7～9点的时候发布视频，结果就造成了渠道拥堵，审核速度放慢，如果你也赶在这个时间段，可能半天都无法更新，而你又没有死忠粉蹲在那儿死等，无形中损失的流量和爆红的机会是致命的。所以，不如别去跟风，选择在下午2:30或者晚上5:30，错开发布的高峰期，而这个时候有些用户看完了他们关注的视频，正无聊地搜索其他视频而撞见了你，于是一次华丽的邂逅就开始了。

做好一个视频账号，需要完善的细节还有很多，有些你可能在无形中避开了，有些正在赶来的路上，所以不要觉得没什么问题了，而是要多留意一下成功的大V们避开了哪些致命瑕疵，再好好看看自己做得怎么样，尽量把因细节造成的全盘皆输的概率降到最低。

把挑刺变成是自检、自律的本事，这是杨紫之前不敢想象的，现在她终于理解那些被人称赞的“细节帝”了：能把被别人忽略的小错误拿出来说事，这还真不是碰瓷，而是妥妥的真爱粉啊。因为只有爱到深处才能观察这么仔细，更何况一个视频真的要火爆起来，百万千万的播放量之下，谁能保证没有几个热衷于“吹毛求疵”的观众呢？既然要做就要做到最好，所以在细节上下功夫不算浪费时间。不过，杨紫也由此产生一个新的疑问：细节做足了，这个视频就真的完美无缺了吗？要知道，吸引受众的可不是细节，那是人家认真播放完之后的事儿，在点开视频之前，还得做好更关键的一步铺垫，那就是脑洞大开，引爆眼球！

6 脑洞升级包：融梗是新流行的玩法

在接触短视频之前，杨紫一直觉得自己脑洞挺大的，可是在下载了抖音快手火山秒拍等APP之后，随便看几个段子都觉得自己的脑洞简直就像针眼那么大。她这才知道，原来大家之前夸她有个好点子，要么是在宽慰她，要么见识比她还短。就像某个科幻作家说的那样，很多人都会给自己的想象力打上一百分。可事实上，真正能想出精妙绝伦的好点子，可不是那么容易的事情。为此，杨紫还特意学习了有关创意方面的知识，可理论的东西掌握得再多，她还是抓不住要领。

这下，杨紫可是真有些发愁了，她现在不怕视频里没有泪点，也不怕没有干货，可怎么把这些包装起来给受众耳目一新的感觉呢？如果没有这个环节的成功，之前的努力都可能白费。正好这几天徐璐在宿舍里住，杨紫趁机向她请教了一番，看看徐璐有没有什么产出创意的好办法。谁知徐璐像是看火星人那样看着杨紫，杨紫低头打量了自己半天，这才问徐璐要说什么，只见徐璐撇撇嘴："你呀，就是喜欢钻死胡同，创意哪有那么容易就想出来，实在想不出来就试试融梗呗。”

短视频的火爆，已经吸引不少个人或者团队参与进来，都想着怎么分一块蛋糕吃，也都拿出了各自的看家本领不断产出内容。可是当你真的开始憋创意的时候，会发现你的脑洞跟不上你的欲望。于是，你开始彷徨、怀疑甚至绝望。

别太难为自己了，千万不要因为看了几个精彩的爆款视频就想着怎么弄出来个一样的甚至更好的。你要知道，绝佳的创意不是谁都能想出来的，强迫自己脑洞大开的结果很可能是“七窍流血”。农夫山泉那么厉害，也不过是大自然的搬运工，也不会自己直接生产水。对于一个刚接触短视频的新人来说，能够学会模仿和改造别人的创意，已经算是走向成熟的开始了。

近几年流行一个词叫“融梗”，简单说就是把多个创意融合在一起，产出一个至少看起来比较新的、没什么抄袭痕迹的新创意。虽然从根本上讲这还是一种模仿，可毕竟是投入了精力，进行了针对性的加工，也就能正大光明地为你所用。

新人就老老实实地跟着大咖的屁股后面学，一口是吃不成胖子的，一天也很难涨粉几万。做好短视频离不开强大的内容生产力，硬憋着自己搞纯原创不是一种高姿态，而是一种偏执的钻牛角尖。其实，只要你掌握一定的方法，加工新的创意出来并不是什么难事。

第一，模仿法。

这是最简单粗暴的方法之一，当你看到有什么视频比较火而类型又是自己的创作方向时，那就尽可能地模仿，照样子拍一个，即便没有多么好看的点赞转发，也能练练手。不过，这种随机的模仿只适合迷茫阶段用一用，如果你的方向清晰并且有了团队以后，最好还是采用系统的模仿，也就是找到和你准备进入的领域对应的账号、IP等，通过分析它的桥段和模式进行二次创作。别觉得不好意思，有一句话叫作“模仿是抖音的灵魂”，其实这句话对任何一个视频平台都是适用的，模仿未必会让你走上成功，但会让你找到感觉，当别人跳海草舞的时候你也跟着跳，可能跳着跳着就发明了水母舞、海星舞，一样能俘获好这口的粉丝。

第二，延伸法。

简单说，当你锁定目标用户之后，那就围绕他们关注的话题做发散，这样也会帮你找到更多的创作方向。比如有的账号是传授孩子课本知识的，那就可以从知识入手，把课本知识变成生活常识，让孩子们注意观察生活，再或者变成安全教育的短视频，也一样能够引起家长和孩子的重视，这相当于在别人的创意基础上进行了扩展，没有那么明显的模仿痕迹，还可能找到一片新的蓝海，何乐而不为呢？

第三，替换法。

当你看到房产中介做抖音、旅游景区做抖音，做得非常火爆了，那么你也可以采取换汤不换药的方式去模仿，也就是把别人内容中闪亮的一点摘出来，把属于你的特质的内容替换进去。打个比方，你是一个汽车销售，看到房地产账号的视频中和客户的斗智斗勇很有意思，那就把最精彩的桥段挑出来，替换成卖汽车，当然不能是原封不动地替换，肯定要有汽车行业自身的特点，说直白点就是进行“本土化”。

第四，还原法。

如果说模仿法是初级阶段，那么还原法就是高级阶段，因为模仿只能是形似而非神似，很难进行举一反三，属于什么人都能会的融梗路子。要想让你的搬运能力进入到别人创意的精髓中，就不能只模仿皮肉，还要模仿内脏。当你发现某个视频是围绕正能量题材拍摄的，点赞转发都十分可观，你看了之后也觉得很不错，那就摘出最有代表性的几个段落逐一分析，找出它们的核心模式。比如有一个正能量的段子是讲某位老总看到保安肚子疼，然后主动替保安站岗让其看病，这时候来了一个合作方想面见老总又不认识，却对临时客串的“保安”很不客气，由此老总确定这样的合作对象缺乏爱心，直接拒绝掉了。那么，你把这个故事的模式归纳出来，就是“错位的角色可以看到更真实的人性”，这就是你还原出的公式。

但是，这种还原并没有完全到位，因为在这个层面上跟模仿没什么两样，你还要继续深挖，找到受众被感动的原因，比如多数人都是普通人，都希望得到领导的关爱，这是一个情感点，有了这个点再去代入公式，效果才能更好。不过，这还是只还原了一部分，你还可以从拍摄的角度、表演的角度去归纳核心要点，总之就是，还原的内容越多越精简，就越能保留视频中的精华部分，而这时候你就有了再造火爆视频的思维武器，而不再是单纯地模仿了。

需要注意的是，有些新人还自创了第五种方法——“搬运法”，就是把A平台上火爆的段子下载下来，去掉水印再发布到B平台上，为的就是引起关注度，吸粉和养号。其实，这是一种想当然的做法，如今很多视频平台都有规避这种现象的技术手段，以抖音为例，当你把快手上一个百万播放量的视频稍加处理后再发布时，后台的算法是可以计算出这个视频的播放量的，然后就会对你限流，不会推荐你，因为你做了“移植手术”。所以，搬运这种野蛮的做法不要再玩了，有机会多研究一下如何融梗，这才能确保你的账号走得更远。

通过几天的学习，杨紫总算知道为什么有些大V能够持续不断地产出优质内容了，这里面不光是有团队的集体智慧结晶，更重要的是他们找到了借助他人灵感火花的办法，这才是永不枯竭的灵感来源。当然，融梗要融得有技巧，一旦融得上头了就变成了抄袭，那后果可不堪设想。更重要的是，融梗要找到适合自己创意内容的题材，别看到什么好玩就想拿过来用，搞不好就是给狗熊穿上了高档西装，不伦不类，还不如原生态看着顺眼。

有了融梗这项技能，杨紫又开始构思她的系列短视频了，憋了半天终于弄出一个小段子，她这次没找非专业人士，而是趁着中午吃饭的时候跟徐璐讲了讲，结果徐璐嘴里塞着鸡腿愣是一动不动地，把杨紫弄得不知所措，最后徐璐总算把那外焦里嫩的鸡腿放回了碗里，嘴角油腻腻地冲着她努努嘴，杨紫凑过去“聆听教诲”，徐璐歪着脑袋说：“你踩了红线了。”杨紫一听急忙低头去看，可没发现自己踩到什么东西，而徐璐见她这样子已经有点笑喷饭的状态了，后来听徐璐一解释，杨紫才明白人家说的“红线”不是用脚踩的。

7 审核：把“红线”倒背如流

在关注短视频以前，杨紫对所谓红线的认识还是从影视剧上听到的，比如关于审查影视剧的条条框框，比如被大家当成段子的“建国以后不能成精”，那时候也就是调侃打趣而已，并没有放在心上，可是听徐璐这么一说，她才意识到这是进入短视频领域的必修课。如果不知道红线在哪里，闭门造车弄出个上不了路的大坦克，那不仅要白费工夫，还可能惹上麻烦。

为此，杨紫听从徐璐的建议，专门去网上搜索了有关短视频审核的相关内容。看了几天，杨紫的眼睛里直冒金星，偏巧徐璐这时候回宿舍拿衣服，杨紫就把自己的学习心得告诉给她，结果徐璐皱着眉看她：“你还真把这些当成元素周期表去背啊？”杨紫一怔：“不背怎么办？我总不能每次都一条条地去查吧。”徐璐笑了：“亏你还老说自己是学霸呢，怎么一点学习的技巧都没有呢？其实所谓的红线，不是说在限制你创作什么，而是引导你去创作什么，你用心琢磨一下，创作什么内容能够积极向上，这些内容基本上就是被允许的！”还别说，有了徐璐的提点，杨紫重新再看那些条条框框的时候，可没有以前那么头大了，看来这死读书还是没有会读书有用啊。

一个短视频能否横空出世成为爆款，不仅取决于创意和营销，更和创作者是否小心翼翼有关，这个小心翼翼指的就是要避免踩到红线。

所谓红线，就是你的短视频可以拍什么、不能拍什么的问题，不要在脑洞大开的时候忘乎所以，只为了图一时好玩或者迎合受众的某种恶趣味制作出低级或违法的内容来，这样不仅火不了，甚至可能都“活”不了——无法在平台上继续发布作品。

这可不是危言耸听，其实作为门槛比网络大电影更低的短视频，向来是监管的重点，绝不是什么“法外之地”。2019年1月4日，中国网络视听节目服务协会发布了《网络短视频平台管理规范》和《网络短视频内容审核标准细则》，明确提出了内容审核的“100禁”，简单说就是告诉你什么能拍什么不能拍。有了这个细则，你就会知道你被下架的视频究竟是怎么“死”的了。而且，《规范》和《细则》的出台，不仅是提醒内容创作者需要注意哪些制作禁忌，也在告诫视频平台要严格把关。现在，平台对视频都是先审后播，从台词到弹幕甚至连表情包也囊括在内……如果你不好好了解其中的规矩，就等于给自己埋下了隐患。

有人觉得：踩了雷又能怎样，反正在互联网上没人认识我。殊不知现在各种注册账号都是实名认证，一旦你发布的视频违规就可能进入“违法违规上传账户名单库”，平台会根据严重性对你进行一年、三年或者永久禁播的不同的处罚等级。而且，这个黑名单可是全部联网的，也就是你在A平台被封禁，在B平台也会被直接拖入黑名单，至少在国内是混不下去了。

说了这么多，恐怕有的人已经出了一身冷汗了，那我们先来看看都鼓励什么内容来压压惊。大格局方面的，就是弘扬社会主义核心价值观的，加强正能量内容建设的……总之就是主旋律影视作品中能表达出的主题和内容，只要能贴合上去就没有问题。如果你并不懂什么是主旋律，那就多搜集一下相关的影视作品，看上几部就了然于心了。

至于禁止拍哪些内容，这些就要多留意一下了，从国家和民族层面上看有这些禁止内容：涉及国家政治和法律制度的，有损国家形象的，破坏社会安定团结的，损害民族和地域团结的，宣扬恐怖主义的，贬低领袖先烈的，牵涉到国家机密和宗教政策的，歪曲民族优秀文化传统的……相信大多数做短视频的人也不会将内容定位到这些领域内，其实这不仅和短视频有关，作为一个中华人民共和国的公民，原本就应当遵守这些法律法规。

大格局我们说完了，再来看看从创作题材和人物设置方面有哪些禁止内容：损害国家军队、警察、行政司法等公务人员形象的，贬低共产党党员形象的，美化反面角色的，宣扬不良三观的，展示淫秽色情、庸俗低级趣味的，宣传封建迷信的，讲述不健康和非主流婚恋观的，诽谤贬损他人的，美化侵略战争和殖民史的，对未成年人成长有害的，有悖于社会公德的，暴力血腥过于惊悚的……其实对于这些禁止内容我们并不陌生，因为无论是院线电影还是网络电影或电视剧都一直遵守这些法则，只要我们摆正创作的心态，别去刻意搞什么噱头，基本上都能避免。

《规范》和《细则》的发布，对短视频行业来说产生了重要影响。仔细分析每一条都是有道理的，因为现在不少青少年都喜欢观看短视频，如果有三观不正的内容充斥各大平台，对他们的世界观、人生观和价值观的塑造只能产生负面作用。即使抛开这一点不谈，仅从创作的角度看，一个只能靠低俗和反动来吸引流量的视频，能有多长的艺术生命力呢？

不成规矩，无以成方圆，特别是对刚刚接触短视频的新人来说，可能对很多创作题材都感兴趣，有时候难免为了吸引流量去想一些“幺蛾子”来提升曝光率。其实换个角度看，如果你的视频真的火爆了，那么产生的社会影响力也是巨大的，会间接影响到受众的价值观，你也就理所应当地背负了责任。在你刚开始创作的时候就看清红线在哪里，也能帮助你从源头规避错误。

了解了红线之后，杨紫觉得自己又经历了一次高考，虽然没有当年那种紧张的气氛，却也是如履薄冰一般走过来。之前听别人说，这些红线会束缚创意设计，可是在深入研究了以后发现，归根结底，短视频会不会有人看，并不在于你能否放飞自我地开始表演，而是跟你的核心内容有关。当然，还有一点杨紫也渐渐意识到了，那就是如何进行营销。好的营销，有时候真的能拯救一个烂的创意。顺便说一句，这是徐璐的口头禅，说错了杨紫可不背锅。

第 三 章

CHAPTER THREE

营销助力：
加点料让视频够“硬核”

关注度少得可怜，用户都是“一次粉”……别怨天怨地，练家子都知道“内外兼修”，你一个做文化产业的不知道玩内涵吗？

1 画像：用户都看见你了，还想让他们来求你吗

自从入了短视频的坑，杨紫每天脑子里想的都是素材、构图、器材这些东西，不仅要跟着团队拍摄，剪片子的时候也是寸步不离，大家都调侃她不赚钱也能拿全勤奖，可就是这么一句无心的玩笑话戳中了杨紫的痛点：我拍的这些视频自己打个100分也不脸红，可真的有人看吗？

都说没有调查就没有发言权，杨紫特意调查了一下身边喜欢看短视频的人，结果发现既有年轻人，也有老年人，问他们喜欢看什么，答案也是五花八门，她只好把剪好的片子给大家看，大家也算给足了她面子，一会儿哭一会儿笑的，活脱脱都是演技派，可越是这样，杨紫心里越没有底：大家不是故意安慰我吧？这个问题弄得杨紫喝珍珠奶茶都不

甜了，她只好给徐潞发了条微信：“我想知道都有哪些人是短视频的用户？”徐潞秒回：“谁身边不都有年轻人和老年人？你得锁定有价值的用户！”

现如今，看视频打发时间的人太多了，从这个意义上讲，每个会用手机的人都是短视频用户，但问题在于谁能提供给视频创作者“价值”，也就是辛辛苦苦拍完之后的回报，这些用户才是你要锁定的目标。当然有人会抖机灵地说，年轻人肯定是核心用户啊，这种没营养的总结还是少讲一点吧。在移动互联网时代，年轻人的确是大部分信息的接收者，可是年轻人和年轻人也是不一样的，是萌妹子还是女汉子？是理工男还是肌肉男？是拆二代还是小透明？这些都是你要具体刻画出来的用户形象。

我们知道的是，现在短视频市场增长迅速，根据中国互联网络信息中心发布的第47次《中国互联网络发展状况统计报告》可知，截至2020年12月，中国网民规模已经达到了9.89亿。其中，20～29岁、30～39岁、40～49岁网民占比分别为17.8%、20.5%和18.8%，高于其他年龄段群体，这些人就是我们要抓取的蛋糕。

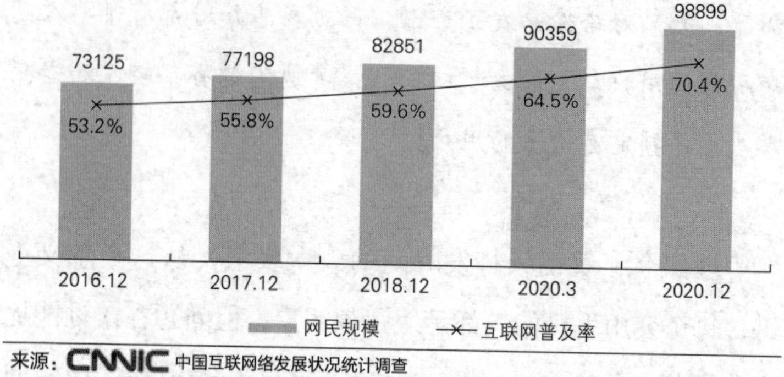

图3-1 网民规模和互联网普及率（单位：万人）

从收入上看，月收入在2 001～5 000元的网民群体占比为32.7%，而月收入在5 000元以上的网民群体占比为29.3%，有收入但月收入低于1 000元的网民群体占比为15.3%。

数据看到这里，你是不是忽然有种失望的感觉：高收入的网民有点少啊！不用这么委婉，是相当的少！可是，这在哪个国家都是如此，有钱的终究是少数，但这并不影响短视频的变现能力。

我们来抓取三个关键词：大学生、未婚者、小镇青年。

在20～29岁这个年龄段中，大学生是不可忽视的存在，虽然他们基本上没收入或者收入很低，可在他们背后有着消费能力要强很多的家长，他们才是大学生经济来源的关键。大学生们看中了什么，伸手向父母要钱是分分钟的事，这些很难计算在内。而且，大学生的自我控制能力较差，容易冲动消费，相比之下，有经济实力但理性的稳定收入者，你想从他们身上忽悠一块钱都要花些时间。

未婚者，除去订婚的，绝大部分就是网络上俗称的“单身狗”了，也是近些年现象级的热点话题之一。和已婚者相比，他们没有养家糊口的负担，不少人把花钱当成是单身生活的报复式发泄，这样的消费人群你不喜欢吗？根据预测，未来我国的单身人口可能直逼4亿，将形成一种新的经济形式——孤独经济，自然也会产生新的消费模式，而短视频中拥有男友粉和女友粉的人气主播甚至人气角色都能满足这种需求。在2019年2月发布的《短视频用户价值研究报告2018～2019》中，有45.7%的人认为短视频“更能陪我度过空闲时间”，足可见他们已经把短视频当成一种陪伴工具，而这就是未来的付费用户基础。

小镇青年是听起来挺朴素的一个称谓，有人估计要皱眉了：小镇，连城市都不算，工资收入低，消费环境单一，工作压力还不大，想诱导他们消费可有点难！先别急着下结论，还记得当年既火爆又惹出口水仗的《小时代》系列电影吗？据说其中的死忠粉，很多都是小镇青年以及城乡接合部的少男少女，所以他们才更容易对大上海的灯红酒绿痴迷神往。这不是贬低，而是揭露出一个事实：小镇青年虽然消费能力有限，但对小资生活、异国情调这些时尚元素很着迷，甚至曾经火爆的网络大电影都喊出过“下一个目标是小镇青年”的口号，所以小镇青年追赶潮流的欲望很容易成为变现的切入点。

我国城镇网民规模达到6.80亿，占网民整体的68.7%，仅快手上的小镇青年就有2亿多，他们发布了超过28亿条短视频，热门评论更是超过了180亿条。根据2018年2月Quest Mobile的一组统计数据显示：小镇青年线上消费能力较强，使用终端价格在2 000元以上的超过60%，在泛娱乐行业的付费意愿较强，有过打赏短视频行为的超过20%，使用在线视频并付费的超过40%。一句话，小镇青年代表着下沉市场，是短视频用户最有挖掘潜力的细分人群。

关于用户群体画像，我们做了一次简单的白描，如果你是一个奢侈品牌商家，那么可以默默离开了，因为大数据告诉我们，短视频用户的小额消费（6个月内消费总额1 000元以下）仍然占据主体，但是大数据又给我们一个振奋人心的结论：超过半数的用户容易被左右消费行为，也就是短视频拿不走他们太多的钱，但分批次、小额度地拿走是不成问题的，因为他们很容易被你影响。

根据Analysys易观发布的《中国网络视频市场趋势预测2020～2022》可知，2019年中国网络视频广告市场规模达到759亿元，其中移动视频广告市场规模达到了609亿元，而网络视频付费市场规模为514亿元，预计到2022年可能达到980亿元。这说明有越来越多的用户愿意为喜欢的视频付费，虽然消费占比最大的依然是影院热映新片和热播剧这一类视频内容，但是这种消费习惯会迁移到短视频的付费观赏上，而这就是短视频异军突起的推动力之一。

做了几天的功课，杨紫总算大体上搞清了她的用户大概是些什么人，还别说，这些数据比梁静茹给的勇气更让她自信满满：这么大一块蛋糕，我不挖一勺能对得起那溢出的奶油么？可是，真到了策划内容的时候，杨紫的脑袋又有点短路了：我光知道用户是谁有什么用啊，我还得知道他们想要什么！

2 需求：戳中关键点，吃用户增长流量红利

这几天和徐璐聊短视频的时候，杨紫学到了不少新鲜词，而在徐璐口中“出镜率”最高的就是“用户增长流量红利”。起初杨紫不知道这是在说什么，徐璐就直白地给她解释：如果你是一个卖冰镇矿泉水的，是想在冬天还是在夏天拉客户呢？杨紫心想这不是废话吗？徐璐看杨紫的反应也明白了，她耐着性子继续解释：短视频就是你手里的冰镇矿泉

水，你的客户就是给水买单的人，而客户数量的多少决定了你能赚到多少钱，现在短视频的用户增长速度已经放缓，不过还有一点点空间，这对你来说就是夏天到了尾巴，你再不出手，冰镇矿泉水就没法帮你变现了。

经过徐璐的解释，杨紫总算搞清了这个概念，可是问题似乎又回到了原点：我知道大家都口渴才囤积了冰镇矿泉水，如果我不知道大家需要什么呢？我该怎么从他们兜里掏出人民币呢？

短视频行业从2017年快速爆发到现在，已经当仁不让地站在风口上，而现在内容创作已经进入下半场，是争夺用户的焦点所在。和高速爆发时期相比，不得不承认现阶段有增长放缓的趋势，但毕竟还是处在“增”的状态，只要把握住机会还是能够吃上流量增长红利的。

用户流量增长红利，其实就是趁着用户有上升趋势的时候，每进来一批人就“收割”一批，如果过了这个村，就不能再依靠流量增长来变现了，而是需要深入挖掘用户的其他价值。简单说就是你开了个电影院，现在正好赶上大家愿意享受大屏幕快感的时代，过来买票的观众很多，来一个收一份钱。可过了一段时间，该来的观众都来了，你无法指望靠多卖票赚钱，那只能在影院里增加食品饮料、专人包厢以及其他各种服务，让已经进来的人再花一笔钱。

既然现在还是短视频的市场新增期，那么如何让更多的用户挤进来看你的片子就是关键所在。或者换一种表达方式，不是你能决定用户想要什么，而是要你追随用户的诉求变化想方设法满足他们，人家才能被你吸引过来。因为高爆发期已经成为过去，用户不会一窝蜂般是个电影院就闯进来，所以做短视频就要回归用户的诉求，戳中他们的关键点，就找到了行业的突破口。

现在我们来看一看，怎么才能最准确地戳中用户的需求呢？

第一，对用户的需求进行分类。

把用户吸引到你身边为你花钱是一门比较学问了。那我们就站在用户的角度想一想，他们打开手机进入短视频平台之后，到底想看什么内容呢？

1. 消磨时间的

相信很多人第一次进入抖音快手美拍这些平台后，不是抱着要考大学的念头吧？无非是在学习或者工作之余找点乐子罢了，所以那种娱乐性强、互动性强的短视频，就很容易吸引到相当多的用户。

2. 捕捉信息的

如果说打发时间是一个有些空泛的概念，那么捕捉信息就更具体一点了，它有一个很俗的名字就是“八卦”。没错，娱乐新闻、体坛快讯、数码科技，这些在过去主要通过文字类的新闻去呈现，现在短视频普及了，自然有更多人喜欢看“能动的信息”，而不再一行一行去看文字了，这也是像今日头条这样的平台能做成大流量池的关键。

3. 找导购的

年轻人也好，中老年人也罢，现在不少人都喜欢网络购物，但是网络购物不像实体店那样有导购，所以各个领域内的资深者们就会通过短视频充当导购，而这一类短视频也是距离变现最近的。现在很多电商平台比如淘宝和京东都有直播种草的窗口，就是给那些有购买需求但不知道如何选购的人提供消费指导。

4. 深入思考的

网民上网不仅仅是为了消磨时光，也有想学习知识和深度阅读的需求，比如经常喜欢逛知乎豆瓣的人群，而现在这些平台也开始提供短视频功能，比如专家的付费授课视频等，在人们进行碎片化阅读的同时进行知识拓展。

当然，一个人的需求并非就是单一的，可能是复合的，既想了解某方面的资讯，同时还想消磨时光，所以现在很多平台都是交叉存在的，比如今日头条既能满足用户对新闻的了解需求，也有不少娱乐性的内容。

第二，锁定用户的具体需求。

在了解用户的需求之后，我们就得及时把他们抓住，把针对他们需求的视频推送过去，不过这就涉及一个问题：怎样推送才是精准的呢？

1．依靠数据分析

很多时候，硬核的数据才是最靠谱的，而我们的经验、阅历和推测难免会存在一些主观性，偏离一点还容易拉回来，如果偏离太远可能就会让我们掉进万劫不复的深渊。所以，我们可以通过一些平台的数据分析软件去进行分析，比如和抖音关联的抖大大或者其他小程序，当然这些未必都是免费的，不过借助它们能够让你少走一些弯路，告诉你在某个地方有一群饿肚子的人等着吃烤串。

2．依靠自行调查

这个是要建立在你有了一定的用户基础之后，通过发放一些调查问卷或者随机访谈的形式，去了解关注你的粉丝还有哪些需求，是否在看了你的视频之后有意犹未尽的感觉等，当然这种调查方法要耗费时间和精力，不过其针对性较强，价值也更高，对你日后的发展有着重要的推动作用。

3．假想成目标用户

这种方法就是俗称的“换位思考”，不过在进入大数据时代以后，这种方法还是原始了一些，而且依然受到主观因素的制约，那就是有的人能够和用户共情并换位，有的只是蜻蜓点水却自以为了解了用户，所以这只能作为一种辅助性的手段，它最大的价值倒不是给你提供内容创作的方向，而是让你尽量跳出创作者的视角重新审视你的创作内容，也许它不会让你和用户距离拉近多少，但总能让你和错误拉开一定距离。具体的操作方法就是，给自己的用户设定一种现实身份，比如上班族、大学生等，然后再添加年龄、爱好以及性格等个人标签，这时候再去观看自己的视频，看完之后进行客观的思考，再重新回到创作者的角度上进行分析，这样就距离用户的需求更进一步了。

第三，及时进行修正。

打个比方，当你发现自己的用户都是些中小城市的私企打工者以后，可知他们多数住在本地，周六大多数不休息，社交圈子狭窄，由于父母在身边所以偶尔会通过相亲的方式去结识异性，那么这就能给你的内容创作提供很多素材了，比如“我的奇葩相亲对象”，吐槽遇到的各种怪咖；比如在设计话题的时候，多想想三四线城市的青年男女关注的是什么，不要把一线城市特有的压力和生活氛围代入进去，这样就会产生陌生感；再比如，更新视频的时间就不要在周六上午了，因为多数人并没有在过周末……总之，当你逐步看到用户的清晰轮廓时，就越要给自己的视频清晰的定位和方向，要及时修正错误。当然，这里所说的修正不能跳出你之前的定位，比如从做美食类视频跳到婚恋类，这是推翻不是修正，顶多是从西式糕点跳到中式快餐，这样你的垂直目标还没有偏离。

如果说我们错过的短视频爆发期是打开大门迎接新客

人，那么我们现在面对的就是你的大门打开了，别人的大门也敞开着，客人不会一头扎到你那里，而是在你和别人之间进行选择，而这时候选择的焦点就在于谁能戳中用户的需求点，把他们一直没有被满足的需求牢牢抓住，那么这一部分的流量红利就会被你收入囊中。

找需求点，成为杨紫脑海中挥之不去的念头，她觉得自己都有些魔怔了，不过徐璐看见她这副样子倒是很欣慰，因为徐璐经常把“不疯魔不成活”挂在嘴边，她告诉杨紫，做短视频的人就怕只站在内容创作者的角度去想问题，这样想破了脑壳也不会有什么收获。所以，杨紫不断暗示自己是一个短视频用户，今天是18岁的懵懂少女，明天是20出头的小镇青年，后天就是每天带娃的全职太太……渐渐地，杨紫还真的找到一些需求点，她把这些收获和徐璐分享了，原以为徐璐能好好夸夸她，可徐璐眨巴了几下大眼睛问：“这些点你找对了，可是你怎么去表达呢？”杨紫有些不明白：“找对点还怕不会表达吗？”徐璐微微一笑：“为啥有的人拍出来的照片是官方图，有的人却是卖家秀，而有的人就是买家秀呢？”杨紫沉默了片刻，徐璐轻声说了一句：“懂需求只是找到了目标，你还要准确地呈现给用户，人家才能买账啊！”

3 审美：短视频创作者怎能不懂视频化思维？

曾几何时，杨紫觉得自己是一个很有审美情趣的人，宿舍里称她是“百搭潮人”，什么衣服一打眼就知道穿上去好不好看，什么鞋配什么耳钉她都能列出一二三四条理由来。可是，自从徐璐提到了视频化思维之后，杨紫引以为傲的审美技能遭受了无情的嘲讽，她把自己想要表达的画面跟徐璐讲过以后，得到的都是“不好看”“有点low”“用力过猛”之类的评价，一度让杨紫有些自闭了。

几天以后，徐璐主动找到了杨紫，态度比之前温和了不少，她对杨紫说，之前她也不懂什么是视频化思维，只是照搬照抄了她在网上看到的几个段子就直接上手了，结果发到平台之后点赞率转发率都惨不忍睹，后来她才意识到这是一个需要学习和积累的技能，想当然的话难免会误入歧途。于是在徐璐的指导下，杨紫开始了“视频化思维”的入门课程。

这年头干点什么事都讲究“思维”，做销售的要懂得“用户思维”，做电商的要懂“互联网思维”，而做短视频的又要懂“视频化思维”。那么，这到底是一种什么样的思维呢？

我们知道，无论是短视频还是长视频，它们都是一种视觉元素，都是通过向受众直接展示直觉、情绪和印象的动态图像，因为视频就是图片的升级版，所以它能够拓展图片的视野，向用户传递更丰富的信息量，同时它能够快速产生和传递，也能快速消费和变现，还能够结合音乐、字幕等辅助手段获得更好的观赏体验。简单说，就是集合了现代工业技术和艺术审美的综合体。

视频化，其中包含着三个要素：全景，亮点和感觉。

全景指的是展示画面中能够呈现的所有动态信息，这是优于图片的重要存在；亮点指的是有能抓住受众的视觉元素，这是优于其他视频的优势存在；感觉指的是人的情感和认识，这是优于文字的特殊存在。虽然这些概念听起来有些生涩，但是当你观看那些优质的短视频之后，把这三个要素代入进去，就能够找到它们对应的都是哪些东西。自然，三个要素缺一不可，它们都是呈现视频化思维的组成部分。

虽然三个要素是融为一体的，但是当你在制作视频的时候却要分别去思考，看看哪个要素应当加强，哪个要素需要调整，这是因为它们会在一段视频中发挥不同的作用。

第一，关于全景。

不管你要拍摄什么类型的视频，它总要依托于一个环境，也许是一个练瑜伽的小房间，也许是一个烹饪的灶台，还可能是你练功夫的后院……这些都是视频中的全景，它虽然不能直接提供给用户信息，但是对他们的视觉刺激非常重要，而且环境中每个构成因素都能起到信息传递的作用。打个比方，你想通过展示烹饪技巧来推销一套锅具，那就要把你烹饪的环境布置得干净、整洁甚至是充满食欲，比如白色的台布、锃亮的刀具以及暖色调的背景等，这些都是和美食有关的视觉元素，你做得越细致就越能抓住受众的眼球，当他们能够专心观看的时候，你要表达的其他信息也就有了传递的空间。更重要的是，如果你的目标就是要力荐一款新产品，那么拍摄视频的全景就是产品的应用场景，用户在观看的时候就会联想到自己在厨房使用这套产品时的画面，那么就密切了视觉元素和产品之间的关系，你的短视频才是有灵魂的，因为它足够真实，而且就源于用户的现实生活。

第二，关于亮点。

虽然一个短视频可能只有十几秒钟，但是对于受众来说，平台为他们推荐的视频是海量的，他们自己也会主动搜索一些视频，那么你能否在短短的几秒钟之内抓住对方的眼球并传递出重要的信息，这就是你的亮点是否能“闪到”别人的眼睛。夸张点说，你的视频的每一帧画面，单独拿出来都应该成为精美的图片，这才能展示出你的审美水平，让受众觉得自己观看的视频是有价值的，是凝聚了别人劳动成果的。所以，当你在制作完一个短视频之后，要一秒一秒地重新观看，看看是否在这一秒钟抓住了用户而在下一秒钟带给他们惊喜……只有如此循环往复，才能准确地判断出你的视频存在哪些优势和不足。当然对新手来说，想一下子做出个精品也实在为难，那么不妨用一些好听适合的音乐、好玩时尚的滤镜等辅助因素提供一种过渡，尽可能地让用户留在你的视频里。

第三，关于感觉。

你要站在用户的角度去思考，他们为什么不去看一段文字而选择观看视频呢？打个比方，一段催泪的文字和一段催泪的视频相比，显然后者的感染力更强，因为它包括人物的演绎和直觉的传递，而要在文字中代入这种感情，需要有一定的阅读能力和经验。尤其是你打算在视频中带货的时候，那就必须要把这种感觉传递出去。比如，你要带的是浴巾，那浴巾给人的感觉是什么？应该是柔软、吸水、温暖的，大部分的感觉在触觉层面，那就要在视频中表现出这些特点，让用户看了之后就产生一种舒适感，这样才有了购买的冲动。所以当你在表达某种感觉的时候，一定要充分借助环境、灯光、景色、人物等多重因素，同时也不要忽略配文和配乐的衬托作用。不过需要注意，这些元素不能凌乱，要共同指向你要表达的核心感觉，这样才能让用户直观地感受到。

总结一下，视频化的三要素中，全景代表的是你的视频方案，亮点代表的是策划方向，感觉代表的是品牌定位。为什么这样说呢？全景里都拍摄了哪些内容，这些内容都和你要表达的商业元素挂钩，不管是人还是物或者背景墙，它们都是你的方案中的文字和标点，只要是有的都应该拍摄出来；亮点包含了你的创意，是你想如何打动用户的入口，也是引导用户消费的路标，如果做得不好或者做歪了，那就是货卖少了或者引流到别人家了。感觉是你主打的一个概念，既可以是你作为短视频博主给粉丝的感觉，也可以是作为销售传递给用户的感觉，比如你是幽默的博主那就带给大家快乐，你推销的是养生茶那就传递给用户绿色健康的感觉，感觉一旦敲定下来，你就有了自己的品牌定位，这就是你日后变现的立足点。

要承认自己原来不懂审美，是件挺难的事儿，还好杨紫做到了。经过几天的集中学习，她对视频化思维有了入门程度的了解，也开始接触一些有关视频制作方面的知识，因为光是有审美是不够的，还得学会利用工具去合理表达。为此，杨紫开始尝试做几秒钟的短视频出来，还特意找其他人帮她挑毛病，经过几次修改之后，杨紫觉得已经接近完美了，就拿着自己的试手作品给徐璐看。

徐璐对杨紫的学习热情表示了赞许，然而当杨紫问这样的视频可不可以发布到平台上时，徐璐没有马上回答，杨紫的心顿时又凉了半截，她知道自己又犯了什么错误了，于是小心翼翼地问徐璐哪里存在不足。徐璐叹了口气：“你这视频只适合给妹子看，你把那些小哥哥放到哪儿去了？”

4 性别分流：学学爆款视频怎么做的

杨紫从小和男孩子接触得比较少，从小学到高中一直是个“乖乖女”，基本上没和男生交过朋友，到了大学之后也没正儿八经地谈过一次恋爱，对男生的了解也仅限于影视剧、网络以及身边姐妹们的各种吐槽，所以当徐璐第一次问她“你知道男生想看什么短视频”的时候，一下子就噎住了，因为她这才想起来，自己精心制作的短视频，无论是内容还是拍摄手法，都是冲着小仙女们的偏好使劲的，男生肯定不爱看，这不等于丢了至少一半的用户吗？难道她以后只能针对女性用户去做内容？

杨紫问徐璐自己该怎么办？徐璐说，她开始做视频的时候也没考虑过男性用户会不会喜欢，直到看了一个男女通吃的大V之后，才明白要学会针对不同性别有所侧重地做内容，当然也可以两者兼顾，但绝不能不懂得性别思维的差异，否则可能男生不爱看女生也不待见。杨紫频频点头，徐璐又补充了一句：换位思考，永远不要绕开性别，即使你把用户的其他需求都考虑到了，可如果忽视了性别，也可能前功尽弃！

大数据里藏着用户，但用户不能只用数据去理解，每一个单独抽取出来的用户都是有血有肉的人，他们有年龄、性格、职业、偏好等多种标签，而其中最显著的就是性别属性。

根据2019年的数据显示，中国短视频APP男性用户比例为54%，占比略高于女性用户。2020年，对短视频用户调查得出的结果是：男性和女性用户最常用的产品都是抖音，分别占比50.2%及54.7%。从整体上看，男女用户对

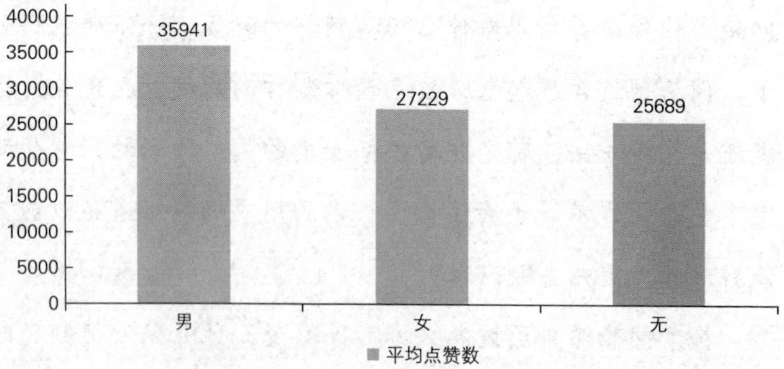

图3-2　抖音平台不同作者发布视频的平均点赞数分布

短视频的关注度并没有多大差别，差别只体现在具体的某个平台上。比如在女性用户相对多一点的抖音，“小哥哥”的视频似乎更受欢迎。

一般来说，在女性用户占比较多的平台，带货的效果会更好，这并不单单因为女性的消费欲望比男性强，而是女性即便在结婚之后也能掌握家里的财政大权，特别是日常用品的采购基本上都会交给女性料理，那么女性比男性更有消费能力也就说得通了。

性别属性决定了对视频的偏好，更决定了消费时会呈现不同的心理特点。既然我们要讲内容变现，就要把我们的视频呈现当成是一次营销现场的表演，那么就要了解男女用户的不同之处。

第一，从消费心理上看，男性目的更强，女性往往没有明确的目标。

男性受到理性思维的控制，在购物之前基本上就有了一个大致的选择方向，除非发生强烈的干扰因素，否则他们很少会被洗脑，当然这是从整体来看的。相比之下，女性虽然也可能制定购买计划，但是会存在变数，她们可能在观看你的视频之前想着买一套反季的运动服，但是看了你的视频之后就买了应季的运动鞋。因此，你的视频如果针对的是男性用户，那么不妨从对方的既定目标出发，寻找无限贴合对方需求的产品，如果实在找不到，也尽量用实证去推荐更合适的商品。

打个比方，你做笔记本电脑带货的视频，在了解大多数用户想购买性能不错的游戏本之后，那就从A游戏本推荐到B游戏本，而不是从A游戏本推荐到B商务本，因为这违背了男性用户的初始目标。如果是面对女性用户，你可以用商务本的靓丽外观去游说她们，也可以用游戏本炫酷的性能去说服她们，因为她们容易被一些视觉元素感染，推翻之前的计划。

第二，从关注话题上看，男性往往是区块式的，而女性则是碎片式的。

在日常生活中，男性一般关注的话题往往是事业的发展、个人的前途，比如如何晋升、如果获取业绩等，还有就是国际政治和军事、体育新闻、成功企业家、高端科技和数码产品等，这些话题如果移植到网上就可以构成论坛的分类板块，比较规整，所以是区块式的。相比之下，女性关注的话题更为宽泛，比如形象礼仪、穿着打扮、美颜护肤、健身瑜伽、减肥小窍门、有关家庭和朋友圈子、办公室恋情、热门的影视剧、旅游和美食等。当然，这并不代表女性的话题“不务正业”，如果你有目的性地去引导，她们同样会进行探讨，只是在工作之外她们更注重品质和精致的生活。

在了解了男女不同的关注话题之后，就可以根据你对自己粉丝的了解去做有热度、敏感的话题，以话题作为切入点去带货，比如针对男性用户可以设置“男人的第一次出血”这个话题，标题很有诱惑性，点开之后讨论的是青春期刮胡子的事情，然后再引出刮胡刀……这样既涉及男孩到男人的成长过程又不突兀地展示出产品，容易抓取你的目标用户。同样，针对女性用户可以设置“如何点防小三的技能树”这样的话题，点开之后是婚恋内容，接着再引出护肤美颜产品，这样既关注了当代女性面临的现实问题，又合情合理地展示出产品，过度流畅，衔接自然。

第三，从思维方式上看，男性往往喜欢争论，而女性更在意安全感。

不知道你有没有发现？男人在日常交流中总喜欢展示自己的能力和社会地位，尤其是面对不太熟悉的人的时候，即便是在网上，男性也有着更强烈的自尊感和虚拟成就感，这就是为什么很多男人喜欢玩游戏的原因，因为在游戏里可以练级成为高手或者大神。那么，当你制作视频的时候，尤其是有着大量思想输出的内容时，就要注意不要站在一个权威的高度去指导男性用户该怎样做，也别指望他们对你说“真的好崇拜你哦”，你不如把自己设定为一个跌倒无数次又爬起来的老鸟，带着满身的伤痕跟兄弟们好好唠唠，这样男性用户才愿意听，即便是和你争论也会减弱不少火药味。

相比之下，女性更在意的不是被不被指导或者教育，而是在建立一段关系时是否有安全感。是的你没听错，你发布了视频，她关注了你，这也是建立一种关系，你可以用过来人的口吻去指导她们，但是你要让对方产生安全感，让她们坚信听了你的话肯定会有收获，至于你是怎样获得这些知识和经验的往往并不重要。当然，安全感并不是一个看得见的东西，它体现在你和女性粉丝的一系列互动中，比如在视频刚发布的时候有三个女粉丝给你评论，你回复了其中一个就要回复另外两个，否则那两个被冷落的人可能会觉得你根本没把她们当成自己人，安全感一旦崩塌，再怎么输出内容都是无效的了。

总的来说，男性和女性之间的差异是从整体上划分的，并不代表着所有的男性都一样，也不能代表所有的女性都一样，只不过这种预设标签能够帮助你提前作出判断，但只能当作参考而不能当成准则。毕竟，根据性别对用户进行心理画像，只能进行一个概括性的描述，谁要是死心眼一头扎进性别的标签里出不来，那才是真的无药可救了。

在贴吧、知乎、虎扑等男性网民较多的地方逛荡了几圈之后，杨紫或多或少有了一些收获，虽然她承认自己不怎么喜欢那些体育、游戏、模型魔改类的视频，但是她也承认这些视频为她打开了一个新世界的大门，她从这里面看到了之前并不了解的需求，而这些都可能是她未来将要推进的市场。

听徐璐说，如果了解了男性用户的心理需求，女性涉足这一块天地还是有着优势的，但千万不要不懂装懂。杨紫一听又有点胆怯了，好在徐璐拍了拍她的肩膀：“也别那么在意，说到底人性的很多心理特点是相通的，只要你心怀利他之心，就有机会成为网红，那么你就会收获一大批粉丝，他们给你花钱就是天经地义的！”

5 打造网红：粉丝给爱豆花钱天经地义

当徐璐对杨紫提到“网红”这个词时，起初她是抗拒的，因为在她的预设观念里，网红都是那些嗲声嗲气、浓妆艳抹的小美女，她个人是不喜欢这种类型的女孩子，她身边的人好像也没有追网红的。然而，当徐璐听了杨紫的一番话之后，马上作出了一副下巴被惊掉的表情，杨紫问怎么回事，徐璐吐了吐舌头：“说你落伍吧，你还真就掉队了。网红就是你说的那些人吗？现在捡破烂的大爷是网红，摆摊的大姐也是网红，好多你在大街上看一眼就忘掉的人都成了网红，因为他们的视频做得好！”

徐璐的这次批评说得杨紫一愣一愣的，她承认自己不怎么关注这一类的新闻，现在让徐璐这么一讲，她终于反应过来：在人人都有机会成为网红的时代，你的颜值不是那么重要了，你甚至都不用有什么过硬的本事，只要你的视频能抓住触发受众的一个点，你就有出头的机会。

天下武功，唯快不破。这句话现在要形容某个大侠就有些难了，因为我们找不到大侠，但是如果用来形容网红，那是妥妥地言简意赅。

在互联网时代，“快”就是它的核心特征，不光是信息传递速度快，而且成名也快。放在古代，你有一身本领顶多在村里是名人，出了郡县怕是听都没有人听说过你。但是如今借助网络的力量就大为不同了，只要你有识别度或者有点擅长的技能，再或者赶上一个偶然的机会被推到风口浪尖上，那就有成为网红的可能。

成为网红，有纯粹是偶然性的，也有主观努力打造的。网红就是品牌，是概念，是标签，是变现的最佳工具。玩转短视频，产出优质内容是一方面，培养有人气的短视频博主是另一方面。当博主变身为网红时，即便内容的质量差一些，也一样能够愉快地变现。

那么问题来了，想要成为网红需要具备哪些条件呢？

第一，有一定技能。

技能非常重要，不管你出身于什么行业，要专做哪个领域的内容，没有点技能是很难吸引粉丝的。如果在短视频刚兴起的时候进入，或许技能不算什么硬性指标，但如今随着想分吃这块蛋糕的人越来越多，门槛也提高了。以抖音为例，前几年只要长得好看、会跳舞弹琴的博主都有蹿红的可能，可现在这些已经不算是什么亮点了，到处都是颜值高、能唱会跳的小姐姐们。所以，想要超越同行没点真功夫是不行的。

但是问题来了，有的新人觉得自己没有什么技能，是不是就吃不了短视频这碗饭了？很多人对“技能”这个词存在误解，觉得非得有蓝翔的毕业证才算有了技能。其实技能还没那么硬核，你能说会道是技能，你敢于自黑是技能，你善于毒舌也是技能……当你认为自己缺乏技能的时候，不如说你缺少发现自己的一双眼睛。有时候，哪怕你只是在某个领域失败的次数比别人多，比如被异性甩过100次，你也有成为网红的潜质。总之，你一定要在某方面突出。

当你有了技能，粉丝观看你的视频就是在学习，现在很多知识讲座、科普文章都是付费观看和阅读了，而看你的视频是免费的，粉丝当然会记住你这个人情，那么你在向粉丝推荐相关领域的产品、服务或者其他有价值内容时，他们能不愿意为你买单吗?

第二，会顺势而为。

如果说技能是基本功，那么顺势而为就是升级包，用现在流行的说法就是“借势”。懂得借助外力才能让你的技能发挥到顶点，这就像太极里的四两拨千斤一样。打个比方，你就是那个被当代女性抛弃无数次的可怜男，突然最近赶上一个骗婚女的热门新闻，那就可以借助你的“宝贵经验”讲述如何避雷，哪怕你不能提供真正有价值的建议，跟风吐槽一下也比别人更有发言权，因为你被甩的体验无人能及。

当然，顺势而为也分两种情况，一种是主动的，另一种是被动的，区别就在于你是偶然看到热点联系自身还是主动去寻找，如果你仅仅是被动地蹭热点那显然不够，你必须根据自己的技能标签提高自己的嗅觉，主动寻找机会才是真正的顺势而为。不然，天上掉馅饼没那么容易就砸到你的嘴里。

只有懂得顺势而为，才有抓住大树乘凉的概率，比如被某个电商发现，被某个品牌发现，或者被其他知名的内容创作平台发现，他们要么直接让你参与变现，要么和你分享资源，而这些就是你把机遇转变为财富的通道。

第三，找好团队。

想把盘子做大，单靠自己肯定是不够的，你必须有一个懂得策划、懂得用户和市场的团队，当然他们更要懂你，才能帮助你做一些推动，让你走得更快。这个推动的核心就是如何包装你，比如你的技能是唱歌跳舞，那就用最好的视频表达去展示这个亮点，如果你的确有过人之处，那还可以和同类视频对标，产生话题，制造热度。

当你拥有了优质团队之后，他们就有概率把你包装成变现的人肉工具或者给你创造变现的机会，这样你还愁没有零花钱吗？

以上说的只是泛泛而谈，具体到每个人还应该采取有针对性的策略，下面我们就从性别入手，看看男女网红是怎么炼成的。

当你想成为男网红怎么办？以下的建议并非让你全部集成，只要抓住一两个点就足够了。

第一，帅。

看脸的时代，帅是最好的吸粉利器，是人们认识你的第一张名片，纵观那些拥有超级流量的小鲜肉们，就是最好的证明。当然帅是天生的，不是靠你努力能实现的。不过帅有时候并非五官必须长成什么样，而是你给粉丝的感觉，比如是否干净整洁，是否阳光向上，是否温文尔雅……这些都是可以靠后天的努力来弥补的。当然，如果你五官真的有硬伤，那也不必非得走这一条路。

第二，酷。

如果你真的不帅，那么装酷也不是不可以，这个酷更多体现在穿着打扮和言谈举止上，尤其是你看人的眼神和说话的腔调。当然装酷也是有风险的，一旦装不好很容易适得其反，所以要谨慎操作，多听听身边人的建议，看自己是否适合走这一条路。

第三，内涵。

帅和酷基本上是给粉丝的直观感觉，而内涵就是"你品，你细细品"的结果。通常要走这条路线，多少要有一定的阅历积累和人生沉淀，年纪太轻一般不适合，除非你的社会经验丰富或者喜欢思考。当然，内涵不是那么直观的，你可以通过深沉引起粉丝的好奇心，可以通过冷幽默衬托你的气质，总之必须有实质的内容，而不是装深沉装内涵，这样只能引起别人的反感。

第四，才艺。

这个是属于男女通用的条件，不过内容并不完全一样，因为作为男性，选择的才艺最好是能够体现出某些男性特质的，比如言辞不多但手艺非凡的维修大师，或者喜欢吐槽对手的游戏玩家，总之你的才艺要和某些男子汉气概相契合。

如果你是一个女生，想成为网红怎么办？同样也有一些点可以去抓取。

第一，美。

相比于男性，女性达到美的标准更容易一些，因为可以化妆，还可以修图加滤镜，所以大多数人都能达到八九分，不至于在这个门槛上淘汰多少人。所以关键的问题是你美的要有个性，要有识别度，如果只是千篇一律的网红脸，那这个美只能作为基本属性，很难成为优势条件。

第二，气质。

相比于男性的酷和内涵，女性的气质标签更多，社会的宽容度也更高，女汉子可以是标签，小可爱也可以是标签，它们都能在你颜值不够突出时起到补充的作用。而一旦你借助了这些特质，就要和内容相关联，比如你把自己定位为能干农活的女汉子，那可以像李子柒那样动手做个什么东西，这时候你的颜值高不高别人就不在意了，甚至还能成为一种反差萌，更有话题性。

第三，有个性的身材。

按照惯常审美，女孩子当然是瘦一点最好了，不过要成为网红这并非必要条件，要么你真的瘦成一道闪电，要么你圆滚滚的很招人疼爱，这些都无关紧要，怕就怕你的身材没有特点。当然，你的内容输出最好和身材挂钩，比如瘦一点的可以传授粉丝瘦身健身之道，胖一点的当美食大师和暖心闺蜜也不错。

第四，才艺。

和男性一样，女生的才艺也最好是凸显自身特质的，当然从社会评价的角度看，女性男性化显然比男性女性化更容易被理解和认同，所以你要聚焦的还是自己的才艺和特质挂钩，比如你身材圆滚很可爱，但是想要教瑜伽，这种模式能大火的可能性实在不高，即便火也可能是因为喜感。要知道，只有十几秒至一两分钟的短视频，用户看到你的一瞬间，往往就会不自觉地给你贴上标签，比如“高白瘦”，你顺着这个第一印象去做更容易，做反差不是不可以，但是难度系数太高。

成为网红，可能是一条漫漫长路，你要不断地积累人气，是否能一夜成名有时候并不取决于你多努力，而是老天爷愿不愿意赏饭给你，所以不要让不可控的因素过多地影响你的决策，在你成为幸运儿之前，还是老老实实地从基础做起，毕竟机会是给有准备的人。

人就是这样，一旦受到了点拨、提醒或者刺激之后，就会从心底里翻涌出一股冲动。这不，杨紫在看了那么多从平民玩家变身为人民币玩家的传奇故事之后，忍不住在想，自己要学历有学历，模样也不差，还有徐璐这样的前辈赠送经验包，凭啥不能找机会崛起呢？当然，这想法杨紫可没敢跟徐璐讲，她怕人家说她膨胀了。而且，现在的杨紫学聪明了不少，她在发现一个新大陆以后不会急着去占领，而是全面考虑所有可能遇到的问题。

在一次刷抖音的时候，杨紫留意到短视频下面有一条不太友好的评论，她猜测博主要骂人了，然而展开回复之后才发现是一条很俏皮的翻牌回复：“谢谢您怼了我这么长时间，都怼出感情了吧？”杨紫顿时发现，拍出好视频是真功夫，能和粉丝互动好是硬功夫！

6 扒案例：看大V是怎么和粉丝互动的？

杨紫不是社交恐惧症患者，只是受制于性格使然，她的社交圈子比较小而已，有时候面对陌生人，尬聊几分钟也是能撑下来的。不过把这种技能搬运到互联网上，杨紫总觉得还欠点火候。毕竟，隔着一层屏幕，有些人会变得肆无忌惮，什么难听的话都可能说出来，哪怕你处处小心也免不了招来几个黑粉。

因为这几天徐璐比较忙，一直没有露面，杨紫也不好意思去请教她，于是就专门找了几个短视频博主研究起来。这一次她关注的重点不是人家的内容，而是这些大V们如何跟粉丝互动的，她觉得这项技能真的能决定粉丝和你的“缘分”能保持多久，稍不留神，很可能让你的热度昙花一现，最糟糕的还可能是粉转黑，这就有点尴尬了。

在生活中，成为一个气质高冷的女神，不苟言笑却照样能收获百分之百的回头率。同样，成为一个深沉寡言的男神，偶尔冷漠也一样能获得春心萌动的女粉丝。不过，如果你是一个短视频主播，还玩这种高冷范儿，那就是作死的节奏了。

一个不会和粉丝互动的大V肯定是一个假的大V，就算是真的，粉丝离其而去也不过是时间的问题。说到这儿也许有人坐不住了：那些明星都能很好地跟粉丝互动吗？也不见得吧！且不说这个一概而论客不客观，单是用明星和短视频主播作对比就犯了严重的错误。明星保持一些高冷范儿，偶尔发个微和粉丝互动一下，这么操作没毛病，因为人家的光环摆在那儿。短视频博主依托的是短视频，而短视频又是什么？它首先是用户寂寞无聊的产物，其次才有其他目的性需求。

虽然是打发时间，但是用户选择关注你，可不是下载了一个爱奇艺或者腾讯的视频APP，定点等更新，他们更希望在看了你的视频之后能够和你进行交流，满足他们的表达欲望，倾吐他们的心声，而这正是短视频走向火爆的原因之一。忽视和粉丝的互动，其实就是忘记了初心。

道理虽然大家都懂，可真正实践起来估计有人又摸不着头脑了：短视频只是一个具有呈现功能的东西，怎么玩互动啊？的确，和直播相比，短视频貌似没有什么互动功能，不可能像主播那样一边输出内容一边感谢某粉丝刷的大飞机。要建立互动感，就要在内容上下功夫。

经常刷抖音的人都知道，抖音在社交功能方面并没有进行强化，但是它能够以其他方式强化互动，甚至从线上拓展到线下。

2018年，一个“摔碗酒”的短视频火爆了，跟着一起火爆的还有西安的永兴坊，因为全国各地的抖友们在看了视频之后，都按捺不住去线下体验一下：花5元钱买一碗米酒，一口饮尽，接着大喊一声“碎碎平安”，就把碗摔在一堆残骸里。一边体验一饮而尽的豪爽，一边还能拍下一段原创视频。难怪人们说：一个卖酒的救活了一村卖碗的！据统计，仅在2018年1月到3月，抖音上关于西安的视频总播放量就超过36亿次，点赞总量超1亿！

能够把线上的娱乐转化为线下的消费，摔碗酒可谓教科书式的变现案例。总结一下，摔碗酒之所以能够引发用户的

图3-3　永兴坊“摔碗酒”

互动狂潮主要有三点原因：第一，借助“喝了摔碗酒，家里啥都有”这种美好的祈愿让人们有强烈的参与欲望；第二，借助地方旅游优势以面带点地增强体验感，也就强化了互动的可持续性；第三，借助酒文化衍生的社交功能顺势而为，推动信息的不断扩散。

当然，像摔碗酒这种线下互动也存在着缺点，那就是没有去喝酒的人，单是看着别人摔碗还是缺少参与感，时间一长难免无聊。所以，这个案例只适用于能够为用户提供线下互动体验的内容。

强化互动，未必非得从内容入手，还可以通过在评论区的各种神操作来完成。现在任何短视频平台都有评论区，而且网民们都相信“评论往往比内容更精彩”的道理，所以我们应当善用评论区，这样才能增加粉丝的黏性，甚至可以挖掘到更多的话题和内容，有时候还能通过回复粉丝的评论补充视频中没有表达出来的信息。

玩转评论区，和粉丝愉快地互动，其实不需要多么高超的技巧，你只要心怀真诚，基本上都能满足粉丝的社交需求。

第一，要了解粉丝的痛点，引导粉丝留言提问并作出专业的解答，这就和你擅长的技能有关了。

第二，要用朋友的口吻和粉丝互动，别把自己当成专家，当粉丝觉得你和蔼可亲时才愿意和你互动。

第三，要把话题无限延长，比如你是做早教视频的，有粉丝问你宝宝不爱喝水怎么办，你可不要马上给出解决方案，而是问对方宝宝多大了，这样聊下去能够挖掘出更多的话题，甚至可以转向你要推销的产品。

第四，要会增加曝光率，比如粉丝评论你的某个视频时，你可以把话题引到另外一个视频上，增强其他视频的曝光度。

第五，要引导粉丝预期，比如可以在视频中说出“下一期视频我会讲……”“请等我明天的更新”之类的话，让大家等着你更新。

第六，要会导流到其他平台，你可以在互动时把粉丝引向其他平台，比如“我在哪个平台也有账号，你们可以关注一下”，这样不仅有利于强化关系，还能为变现创造条件。

第七，要避免和不友善的黑粉发生冲突，这种情况并不少见，作为博主没必要和粉丝对骂，哪怕你最擅长的就是骂人，因为这会引来大波的吃瓜群众，了解你为人的粉丝还好说，如果是新来的人看见你口吐莲花，印象分直接就刷低了。

“代古拉K”是抖音上的一位人气博主，拥有漂亮的脸蛋和甜美的笑容和，她能歌善舞，但她最擅长的却是在评论区和粉丝互动。如果你翻开她视频的评论区，几乎每条留言都能看到她的回复，非常用心地和粉丝维护关系，因此她

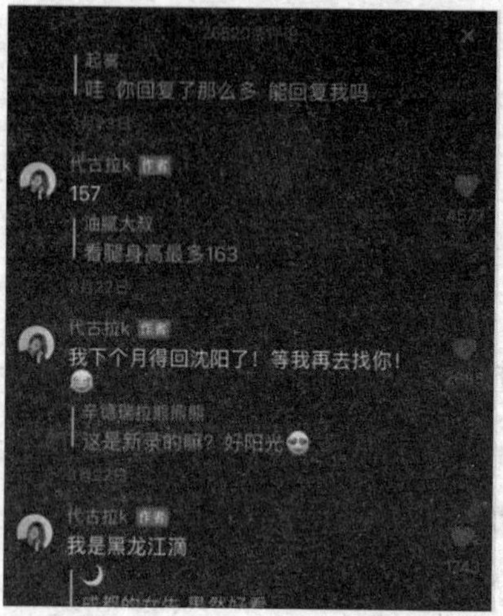

图3-4 “代古拉K”评论区截图

的粉丝黏性很高。要知道，这种高互动率的内容，通常会被抖音算法识别为优质内容，也就意味着有更高的曝光度。

和粉丝互动并不是一种被动行为，千万不要等到粉丝过来对你评论了再绞尽脑汁地回复，你完全可以主动出击。抖音上有个外国小哥，在生日那天发送了这样一段视频，文字内容是：“今天是我的生日，谁都没有祝福我生日快乐，我的妈妈也还没有，你们会祝我生日快乐吗？”结果有超过120万的用户为他送上了生日祝福，据说到现在还有新的评论增加。怎么样？这仅仅是一个原本没有什么流量的普通博主，如果你有了一定的人气，主动求粉丝祝福，评论区还能清净得了吗？

归根结底，短视频要有价值感和成就感，说白了就是要引起用户和短视频博主之间的同屏互动，不管是摔碗还是摔跤，总之你摔我也摔，要让所有人都能参与进来，才能让价值最大化，而这就是变现的关键步骤。

正所谓学无止境，经过这几天从大V身上学习各种互动的技能，杨紫终于发现自己身上存在的很多短板，比如不会开高级点的玩笑，不会自嘲，不懂得怎么应对嘲讽……细数起来，她的那点交流技巧也就剩个“笑脸相迎”了，然而在网上还基本用不到。

不过，虽然学习得有些头昏眼花，可杨紫却过得很充实，毕竟这是她主动发现的一个需要锻炼的技能，不是徐璐提醒她的，这也足以说明她在短视频这条路上越走越远了。当然，知道得越多，她会更加忐忑，也更虚心，她一直在幻想着某一天，自己能够依靠粉丝成为引流器，各种广告代言扑面而来……算了，还是老老实实先学习怎么操作吧。

7 变现：看头部网红的变现模式

扒案例，是杨紫从学生时代分析例题时就学会的技能，当然在和徐璐接触之后，她也经常把这三个字挂在嘴边。一开始杨紫倒也没太在意，一来这种技能她很熟练，二来她觉得这是变相的抄袭，没什么前途。不过，在杨紫逐渐深入了解短视频之后，她越来越在意对成功案例的分析，虽然大家都说成功不可复制，可对新人来说还是能减少一些试错成本的。

杨紫经过几天的案例分析后，被大咖们的变现能力吓住了，15秒到5分钟不等的时间里，看似普普通通的几个镜头和画面，就能引来那么多流量，各种商家都在寻找机会。过去，杨紫觉得电商很厉害，可现在接触了利用短视频和直播营销的新型电商，才发现真是长江后浪推前浪，她杨紫一定别被拍在沙滩上。

很多人在开始做短视频的时候，可能也是抱着玩一玩、试一试的态度，结果一不留神就走红了，然后就借助名气开始变现。尤其是在我们熟悉了各大视频平台的头部网红之后，肯定会十分好奇几十万甚至上百万的粉丝是如何贡献出自己的荷包的。

以当下最火的短视频APP抖音为例，不少人中了它的毒，一刷就停不下来。相信你在朋友圈里也经常看到有人买了抖音同款的T恤衫或者奶茶等，虽然这些不值几个钱，可这不正代表着变现的开始吗？

抖音上有个叫“小安妮大太阳”的知名网红组合，他们是一对神仙颜值的情侣，拥有300多万粉丝，经常发布个性有趣的短视频，比如两人创作的手势舞成为抖音界的一股清流。当然，人家在跳跳舞撒撒狗粮之外又干了什么呢？比如小安妮利用自身的知名度和海量的粉丝，给自己的淘宝店铺打广告引流，收益颇多。看到这里大家也明白了，借助短视频平台和电商联动是效果最明显的变现手段。

第一，选择合适的短视频平台。

不同的平台代表着不同级别的流量池，“小安妮大太阳”就是选择了抖音才一举成名的，因为他们自创的爱的手势舞等内容很符合抖音风格：画面清新、乐感十足、女性用户多、都市化等，所以抖音的算法会把他们的视频识别为优质内容，就获得了更多曝光的机会。当然，你不要盲目地也选择抖音，要看你卖的是什么东西，如果是农家酱菜，可能快手上的乡村风更适合你，但如果你想用弹古筝的方式去卖酱菜，那还是回到抖音来，因为卖什么产品不重要，重要的是你的呈现方式，因为呈现方式决定了你会吸引什么样的粉丝，而这些粉丝画像才是各大视频平台的主要区别所在。

第二，采用丰富多样的表达方式和直观简单的信息输出。

前面我们讲过了短视频平台的互动，它和以图文为主的平台相比，能够给受众更多的交互感和趣味性。那么，当你在制作一段视频的时候，不仅要想着怎么好玩，还要进行信息提炼，那就是让你的内容中有一两个关键点，千万不要太多，因为受制于时长。这个关键点是什么呢？就是和你要带的货有关的信息，比如你带的是护肤用品，那么就可以在视频中设置两个关键点：一是“女人的外在和内在同等重要”，二是“年轻的脸才配得上有前途的地位”。仔细品味一下，这两个关键点都能指向护肤用品。切记，不要设置太多的关键点，因为多了难免重复，也会让受众审美疲劳。“小安妮大太阳”曾经做过一个有关“结婚”的短视频，关键点就设置一个“结婚要挑婚纱买钻戒太麻烦”，最后指向了一款“婚礼记”的APP，轻松完成了一波广告。

第三，让用户享受到体验式的购物。

什么是体验式的购物？想象一下，当你站在漂亮的橱窗前看着里面摆放的精美鱼嘴高跟鞋的时候，你有体验感吗？再想象一下，当你站在柜台前彩妆导购给你试用小样的时候，你有体验感吗？很显然，后者才是体验式的购物，不仅让你直接和产品接触，还可能把你带入到真实的应用场景之中。其实短视频和直播相比，带货会更加隐晦，因为直播本身就互动性强的，主播可以实时和粉丝互动，这反而强化了目的性，而短视频本身是封闭性的，不会让用户感觉自己在被推销，那么短视频主播就要借助这种优势，把你要带的产品通过画面呈现出来，用视觉化思维还原产品和应用场景，这就是体验式的购物。

第四，预留团队作战的空间。

很多网红的确是从个人做起的，但是当他们发展壮大之后，就会进行团队运作，因为他们的工作量增加了，而且更加需要分工。当然，也有的个人号从一开始就不是一个人在战斗，比如“小安妮大太阳”是一对情侣，他们可以分开输出内容做仿妆、搞笑视频等，也可以合起来做“吐槽男友/女友”的节目，还邀请朋友创作“女生讨厌的男生类型”和“直男最讨厌的女生类型”这种大型的“茶话会”，让粉丝像看《奇葩说》那样过瘾。这回你看懂了吗？“小安妮大太阳”根本不愁没有内容，创作空间很广且绝对“不超纲”，因为粉他们的人不在乎吃狗粮，所以是单人出镜还是双人出镜都无所谓。相比之下，如果是个人号，那创作空间就会小很多，这时你选择内容方向就很重要了。

打个比方，你有着超强的修表技能，无论什么牌子什么构造的表都能修好，也有不少爱好机械或者奢侈品牌的人观看，可是这样的内容输出基本上不需要别人，专业性太强也会产生视觉干扰，团队齐上阵助力的可能性不大。但是，如果你是传授烹饪技术的短视频博主，那么大可以制作一桌平民版的满汉全席，各色人等都来给你打下手，不仅场面热闹，还可以通过团队间的互动增加信息输出。说得更直白一点，你的视频对“外来人”的宽容度越高，内容输出的可持续性就越强，因为你可以通过反复的排列组合变着花样出新节目。内容充实了，带货的点也就多了。

其实，当你的人气做起来之后，粉丝喜欢你的内容，就不介意你打了什么广告、做了哪些软性植入，反而会很调皮地发一条“感谢你在广告中撒了一波狗粮”之类的评论，其实这不就是粉丝对网红的爱吗？虽然没有大胆说出来“我养你”，可实打实的行为胜过一切啊。

关于变现，杨紫已经做梦做了好多天了，其实她一直很羡慕徐璐这种年纪轻轻就能养活一个团队的强人。虽然这段时间在徐璐的指导下学习了不少东西，也看到了不少通过短视频实现人生逆转的案例，可真的要准备操刀上阵的时候，杨紫心里还是有几分忐忑。虽然杨紫没有把内心的焦虑说出来，但是徐璐已经猜透了八九分，她趁着宿舍没人的时候对杨紫说：“你要对自己有信心，变现这种事说难也难，说不难也就是分分钟的事情。关键在于你对自己有什么清晰的定位，还有就是你要懂得用户的真实想法。”杨紫说这些道理她都懂，可徐璐一听又是皱起了眉头：那你知道“舞台社交”吗？杨紫一愣，徐璐解释说：“那网络社交你总听过吧？”

8 黏着度：“舞台社交”让你月收入突破五位数

网络交友，这种事大概发生在杨紫的中学时代，那时候刚接触QQ微信，她出于好奇添加了几个主动申请为好友的人，不过大多数聊了几句就没有下文了，偶尔有一两个能聊得来的，不过杨紫从来没想过见网友什么的，因为她总是觉得网络上的东西是那么虚幻，一旦走进现实就会变味。所以，她对网络社交并没有太深的体会。

杨紫的这种观念让徐璐都有些无力吐槽。徐璐几乎是揪着杨紫的耳朵说：“网络社交又不是非得转化成什么现实关系，你在微博上和陌生人互动，你在知乎上和答主交流，这些都是网络社交的一部分啊，别小看这种‘虚幻’的沟通，它的背后可代表着人类内心深处的寂寞！”

徐璐的这番话着实让杨紫有想笑的冲动，可是看到徐璐一本正经的样子，她知道自己该好好了解一下人类到底有多寂寞了。

为什么微博这种产品会吸引人们那么多的注意力，核心就在于它的社交属性更强，因为互联网从本质上讲就是

“你来我往”的一种关系，谁能把社交的功能发挥到最大，谁就能斩获最多的用户。同样，短视频能够火爆，也是得益于它自身带有的社交属性。

根据2019年的数据显示，目前国内持续运营的154款短视频应用中，具有社交属性的就有48款，而不在此列的主要是集成了视频拍摄、剪辑以及美化的“工具属性”短视频、重在获取内容的“资讯属性”短视频，以及基于赏金模式的“分发属性”短视频，而后三者并非我们要进入的短视频领域，我们的重点就是带有社交属性的短视频平台。

有人可能会质疑短视频怎么社交啊？博主都不能跟粉丝实时互动，难道是通过评论区的留言吗？没错，短视频不是QQ微信这种即时通信，它是“社交向”这个大分类中的小分类——“舞台社交”。

什么叫“舞台社交”？就是你站在舞台上表演，不直接和台下的人发生互动，但是你的一颦一笑、一举一动深深地印刻在人们的心里，有的人认可了你的演技并被你圈粉，有的人想要和你交流关于某一句台词的想法，还有的人莫名觉得你就像他身边的某个人……在这种不直接接触的前提下发生的类社交行为。所以，关键词也被提取出来了：围观、呈现和复制。

第一，围观。

围观就是用优质的内容吸引用户过来看，它抓住的是人们寂寞无聊的心理特点，这也是人们通过社交来平复情绪、增强安全感的途径之一。不知道你是否注意过，在生活中，哪怕是少言寡语的人，虽然未必主动和别人交谈，但是在听到几个人热闹地聊天时也会留意去听，安心当个快乐的“吃瓜群众”，更不要说有着强烈交流欲望的人了，他们更会通过主动参与聊天来满足藏在内心的社交需求。那么短视频博主们就要让内容足够吸引人，让用户在观看的时候或者释放压力或者找到共鸣，这样他们才愿意持续地围观下去，从陌生的路人转化为铁粉。

第二，呈现。

呈现就是用最适合的表达方式输出你的内容，它抓住的是人们对信息的接受方式，这也是人们通过社交获得审美、沟通以及自我认识的目的之一。在你身边很可能有两种人，一种人虽然喜欢夸夸其谈，但是讲的东西很是无聊，和这种人聊天不仅不能排遣寂寞，反而越聊越尴尬；而另一种人却能语惊四座，即便讲个过时的笑话都很精彩，区别就在于他们的呈现方式不同，带给人们的感受自然也不同。那么短视频博主们就要在输出内容的时候注意如何去呈现，针对年轻人用时尚潮流的语言，针对青少年用深入浅出的语言，这样才能提高用户的注意力，让他们觉得好玩、接地气、耐看。

第三，复制。

复制就是让用户在看过你的内容之后产生模仿的冲动，

它抓住的是人们的从众心理，这也是人们通过社交来提升和完善自我的目标之一，也是变现最关键的一步。想想看“带货”的心理动因是什么？就是复制啊！我穿了一件漂亮的衣服，让你也有想“复制”的冲动，那不就是掏钱购买了吗？当然，要想达到这个目标，你要在输出内容的时候不断地给用户暗示，让他们认为你推荐的东西就是他们需要的，也是符合当下社会潮流的。在激发了用户的冲动之后，他们才愿意去模仿。

根据2019年企鹅智库发布的《快手&抖音用户研究报告》显示，激发用户创作欲的第一动力就是看了别人有趣的视频忍不住想要尝试，其次才是记录生活和博取关注。这样看来，单纯地观看娱乐节目或者打游戏，对减压有帮助，可仍然存在缺憾，而短视频则不同了，它更贴近生活，而且让人有模仿的可能，毕竟你总不能在打了《王者荣耀》之后真的找个对手大战三百回合吧？

不过，短视频的社交属性并非对所有用户都适用，可以从年龄、性别和地域三个维度来划分。

从年龄构成上看，70后并不喜欢通过短视频去满足社交需求，他们更愿意把短视频当成是带有资讯属性的软件，而80后和85后也存在这种倾向，只有90后和95后看重短视频的社交属性。虽然这只是一个比较粗略的调查，但是对你分析粉丝画像还是有一点参考价值的。其实原因并不复杂，因为大多数70后和80后的成长环境和互联网社交无关，他们原本就是在线下社交中积累了最早的人脉资源的，而90后和95后则是和互联网、移动互联网一起成长的，他们更习惯通过线上来寻找和社交有关的元素。

从性别构成上看，社交属性的短视频中，女性用户数量要多于男性用户，她们更渴望通过短视频来弥补线下社交需求的供给不足，这也符合女性的心理特点：容易缺乏安全感，比较看重在社交中培养感情并获得安全感，而男性一进入游戏就是天昏地暗和外界隔绝了，很少会通过短视频去大量地消耗时间。所以，当你的女粉丝数量较多时，带货可能就会更容易一些，当然男粉丝较多也不代表着变现效果不理想，关键在于你能否调动起他们的社交需求，让他们从游戏的世界里走出来，带着铺盖卷住进短视频APP里。

从地域构成上看，越是高线的城市越看重短视频的社交属性，而越是低线的城市越在意短视频的资讯属性。这个也不难理解，高线城市大多已经进入了“陌生人社会”，社会关系比较简单，在外地独自打拼，除了同事在生活中再没有多少熟识的人，所以他们会通过短视频满足社交需求，而低线城市大多处于“熟人社会”，不太需要依靠短视频缓解寂寞感。

经过简单的分析，你大概已经了解了哪些人是看重社交属性的短视频用户，他们会在舞台社交效应的影响下，被优质的内容吸引过来并有意识地去模仿，这也是短视频博主和粉丝拉近距离的过程，在逐步强化的同时，这种关系的变现能力也会日益凸显。

如果没有徐璐的这番提醒，杨紫可能对人类的寂寞越来越不了解甚至是漠视。现在，她总算明白了是什么动力让人们宁可玩手机也不愿意和眼前的人多聊几分钟，其实这里面隐藏的不是冷漠，而是另外一种狂热。当你会合理借助这种狂热时，你就狠狠地戳中了受众的要害，如果你对这种狂热仅仅是不理解甚至是批判，那你永远都只能在短视频的门外徘徊。

连续半个月的刻苦学习，总算让杨紫收获不少，可是她学习得越多，反而越不敢上手了，因为她担心一不小心就犯了禁忌，错失了原本属于自己的流量。一天，杨紫正在被窝里刷着视频，徐璐忽然推门闯进来，直接把杨紫从温暖的床铺上拽了起来，杨紫以为出了什么事，惊慌地看着徐璐，徐璐却把杨紫的衣服扔给了她：跟我出去拍摄！

第 四 章
CHAPTER FOUR

超有质感的短视频：
平民装备就能拍

用身边的轻量级器材也能拍出超有质感的短视频！由浅入深，涵盖前期、后期，20 大重点及 5 大后期剪辑技能，“小白”也能轻松上手，拍出超酷短视频！

1 用最合适的成本试错

跟徐璐学了这么多理论知识，杨紫自认为也是半个短视频通了，手自然痒痒起来，虽然实战经验还是零，可她还是决定正式下场，开始短视频创作之旅。为此，杨紫把所有银行卡都拿了出来，挨个计算里面还有多少钱，可算了十几遍也不过万把块钱，这点资本能玩得起短视频吗？之前的期待被孔方兄的寒酸一下子浇灭了。

徐璐知道杨紫准备实操以后，二话不说就抢过了杨紫的银行卡，以一副过来人的口吻说："你还真打算把全部家底儿投进去吗？"杨紫被徐璐这么一问，之前的犹豫不决瞬间变成了大义凛然："我意已决！"谁知徐璐笑了："你知道我拍第一条短视频用了多少钱吗？"杨紫摇摇头，徐璐拍了拍杨紫的肩膀：“不到1000块！”这句话，着实让杨紫听傻了。

短视频拍摄成本到底高不高，这个没有固定的答案，你可以上4K指标的机器拍摄，也可以只用手机记录一段生活的碎片。当然，对大多数人来说，成本肯定是控制得越低越好。那么问题来了，哪些地方可以省钱，哪些地方不能省钱呢？

第一，设备。

高清画质和手机画质，这两种走极端的不必考虑了，虽然看短视频的大多是用手机观看，但这并不代表着你那低画质的视频看不出毛病来，而且从长远考虑，保留一份高画质的素材备份，说不定将来会有用，特别是想要拍摄剧情类的视频，没有一点画面质感是不行的。那么，权衡利弊，最合理的办法就是租用机器，比如sonyX280，大概一百多元一天，足够用了。

有人觉得一百多也是钱，连续拍几天也够肉疼的。我们不妨换个角度看，当你租用了哪怕是入门级或者祖父级的摄像机，怎么说也是走上了专业拍摄的道路，你和你的小团队才有机会去感受在专业化氛围下的劳动，会锻炼你们的拍摄意识和技巧，对团队的成长是有利的。相反，你只知道用手机或者单反去拍摄，永远也找不到入门的感觉，所以这个几百元一天的钱，相当于“找感觉”的入场费。

除了摄影机之外，一般拍摄还需要收音设备，比如录音杆和录音器，另外还有灯光，通常是亮度越高租金越贵。收音设备主要看你的拍摄内容是什么，如果是寻宝类节目，那么没有专业设备也无所谓，总之可以视情况斟酌。至于灯光，专业的大灯可以不必买，除非你的拍摄都是在低光照的环境下，可以尽量选择借助天光以及相对便宜的普通摄影用灯，但一定要保证画面有足够的亮度。

第二，人员。

刚进入短视频行业，想要组建一支专业性强的队伍是很难的，人数也不必多，一般三个人足够：摄影一名，服化道剧务一名（负责所有的杂活），指挥调度外联一名（可以充当导演指挥以及协调工作），有了这三个人，基本上就可以最低配置地完成拍摄任务。当然，如果能够适当增加自然最好，如果连三个人也凑不齐，那最低也得是两个人，因为摄影师基本上无法兼职其他工作。

有人加入，就会涉及报酬，作为初创团队，最好几个人都是联合创始人的关系，这样可以在没有收入的情况下也能坚持一段时间，至少大家在某些意见上会达成共识，不会因为没有收入或者报酬太少而发生矛盾，如果团队中实在需要雇佣专业人士，那就只能尽量雇佣“全能手”。

所谓的“全能手”，其实是每个行业里都有的一种人，他们一般不会专注于某一项技能，而是七十二变样样都会那么一点，可能每一项技能都不够精通，但是一个人可以兼容多个角色，对于缺乏资金的小团队来说再合适不过了。当然，如果你一上来就要按照昆汀的标准制作片子，那么请出门左拐出高价找高人。

第三，拍摄计划。

拍摄计划是非常重要的，一般在专业的剧组里叫“统筹”，负责要对所要拍摄的内容进行统一安排，比如一个视频需要几天可以拍摄完成，需要哪些场景，先后顺序怎么排列，这个依靠的不是技能而是经验。当然，经验是可以慢慢积累的，短视频也不必专门聘请统筹，在刚起步的阶段可以找业内的人请教一下，如果自学能力强，自己试着从零开始也是可行的，毕竟这是一项需要经常使用的工作技能。切记，科学合理的拍摄计划，能够最大程度地降低拍摄周期，从而减少拍摄成本。

打个比方，你的短视频一共需要在三个场景里拍摄，你按照场次确定了每个场景要拍几场戏以后，还要考虑中途转场的过程，也就是用最少的时间跑完这三个地方，这里面就涉及很多细节，比如有的场景展现的是清晨，那无论多么偏僻也必须放在第一位，而有的场景和时间没多大关系，那就可以放在最后。总之，当你把自己所有的钱都掏出来放在桌上，应该就能写出来最省钱的拍摄计划了。

第四，拍摄方法。

短视频并非一定是原创的画面，如果你穷得连租摄像机的钱都没有，那可以把上面的三条全盘推翻，直接采用最省钱的拍摄方法。

1. 视频配合图片的混剪

看名字就知道了，无论是动态画面还是静态画面，都一律从网络上搜集，然后运用后期剪辑来处理，顶多涉及一些配音配乐的工作。这对于剪辑有一定的要求，你可以自己学着去做，不过需要注意的是，现在很多视频和图片素材都是收费的，最好利用那种公共版权的素材，实在找不到那也只能花点钱了，毕竟起步阶段不要产生法律上的纠纷。

虽然这种方式成本很低，但是对素材要求很高，一定是能够抓人眼球的视频或者图片，这十分考验你的审美能力和剪辑能力，因为一旦搭配不好就会影响整个视频的质量。

2. 录屏配合解说

这种表现方式就是录制电脑或者手机屏幕上的素材进行解说，对画面要求不是很高，但是对口语表达能力绝对是考验，如果你不擅长与人沟通，这种方式就不适合你。如果你认为自己靠口才就可以征服用户，那也可以尝试一下，不过这种形式局限性很大，多适用于那种技术分享类的短视频，毕竟创作空间极度有限。

以最低的成本去试错，核心不在于“低成本”，而是在于“试错”，即能节省多少钱不是关键，关键是你必须知道自己目前走的短视频路子是否适合你，比如你通过混剪作出了非常有意思的恶搞类视频，那以后可能真的不需要租什么机器了，可如果你发现低成本的路子限制了你的才能发挥，那就要及时打住，找更适合自己的路，而那些已经花掉的钱只能当作沉没成本了。毕竟，在一条刚刚开始的路段上，谁也不知道前方是什么在等着自己。

要不是有徐璐这样的过来人忠告，杨紫没准拍个短视频还真能弄得倾家荡产。这一次，杨紫是真的明白了什么叫低成本创业，换个角度看，她对短视频的理解还不够深入，骨子里还是把它当成和拍影视剧一样的操作，只不过“档次”要低一点罢了。为了给杨紫鼓劲儿，徐璐还十分仗义地晒出了她早期拍短视频的花销记录，给了杨紫不少启发。

研习了几天之后，杨紫这才准备“上路”了，可是门都还没出就被徐璐拦了下来，徐璐问她：“打算去哪儿拍？”杨紫一下子懵住了，好半天才吐出一句：“什么地方好拍去哪儿拍……”徐璐做出一副被雷击的表情看着杨紫：“你就是这么选场地的？知道场地是什么吗？是短视频的产房！”

2 有种潮流叫短视频“探城”

如果不是徐璐提醒，杨紫还真的忽略了短视频拍摄的一个重要问题：去哪儿拍？因为在她的印象里，短视频的拍摄地点是很随意的，可以在大街上拍，可以在农田里拍，也可以在家里拍，甚至还可以是虚拟环境，可是当徐璐用“产房”来称呼场地时，杨紫才意识到这是一个不能马虎的问题：在大街上拍什么？能和你要表达的主题契合吗？在农田里怎么拍才能吸引人？你确定能驾驭好场景和内容的关系吗？在家里拍怎么产生差异化优势呢？用户就那么想看你的家吗？虚拟环境？难道不要钱吗？

杨紫不得不向徐璐讨教“如何选择短视频拍摄场地”的秘诀，没想到徐璐的小课堂上没有板书，而是直接来了一段新闻。

如果有人问你，有关河南的关键词是什么？你不用急着回答，只要到抖音上面搜一搜，就会发现“少林寺”是河南的最大标签。原来，抖音曾经举办过一个名为“抖inCity——城市美好生活节”的活动，旨在让更多爱好短视频的人加入抖音拍摄，挖掘所在城市独特的一面，起到宣传城市形象的作用，让每个人都有可能成为“城市推荐官”。很快，一位80后小伙便脱颖而出。

这位小伙来自郑州，名叫张鹏，他辞掉了高薪稳定的工作，专门从事短视频行业。因为平时他就喜欢在城市里四处游走，是一个行走的城市百科全书，每当有人问起哪里有好吃好玩的地方时，他都能立即给出答案。后来，张鹏决定酝酿一个以推荐玩乐方式为主题的抖音号——“鹏叔带你玩郑州”，也就有了他的第一条视频，带着大家去逛郑州的一家蹦床馆。为了给用户真实的体验，张鹏亲自玩遍了灌篮、空翻等十几个项目，虽然很辛苦，但是视频发出以后，当天的播放量就突破20万，点赞数量破万，粉丝从“0”直接暴涨到2万！

据统计，抖音从2019年开始，以城市为创作主题的作品疯狂增长，用户的参与度越来越高。现象级的增长背后隐藏的信息值得每一个参与短视频的人思考。显然，抖音已经开辟并初步探索出了一条“城市化”的发展思路，而正式上线“抖inCity——城市美好生活节”就是最好的证明。自然，在这种官方导向和用户迎合的加持之下，越来越多的品牌和用户开始专注于这一类的内容创作。

短视频的成本控制有一个忽上忽下的选项就是场景。之所以这样定位，是因为场景可以是零成本，也可以是高成

图4-1 “抖inCity——城市美好生活节”宣传图

本。你在大街上随手一拍，不用花费一毛钱的场地费用，可如果去迪拜走一圈，估计下半年的剧组盒饭就要改成袋装泡面了。当然，如果你的内容定位就是周游世界，这样做完全没问题，可如果你没有场景倾向，这种选择无疑是过于天真可爱了。

既然场景的成本可以压缩到最低，那么遵循上一节的逻辑，我们就有必要以零成本的场地费用向短视频进军，这不仅是一种节约思维，更是一种讨巧思维。对于大多数的短视频用户来说，他们渴望在一个几十秒至一两分钟的视频里看到恢宏气派的大场景吗？显然不是，他们需要的是能够和自己产生共鸣的东西，能够满足好奇心的东西，能够符合最基本的心理诉求的东西，所以抖音才锁定了“城市”这个主题，而且这个城市不用是高大上的一线城市，只要能找出亮点，就是人间天堂。

也许有人会说，只定位到城市是不是会限制创作的方向，其实这个和你想要发力的平台有关。以抖音为例，主流用户就是一二线城市的年轻人，也包含了准一线、新一线等城市，正是有着这种数据支持，抖音才会锁定“城市”作为内容创作的方向。当然，即便是快手，也不能说人家就是只拍乡村，只不过是三四线城市和小镇青年稍微多了一点，也不能简单地认为他们对“城市”这种场景或者内容不感兴趣。除了这两大巨头之外，西瓜、火山、微视、秒拍等平台聚焦的也是城市用户，只不过有的侧重于三四线，有的侧重于新一线，所以我们基本可以确定，选择城市作为内容的背景或者内容本身是没有问题的。

从成本控制的角度看，城市的信息集成度更高，而乡村小镇就要弱很多。打个比方，你想拍摄一个创业故事，里面涉及毕业（高校）、贷款（银行）、奋斗（写字楼）等多个剧情，任何一座城市都能满足你对场地的需求，而如果需要在乡村小镇取部分场景，势必要多出一部分转场的费用，而且这些取景并不能直接给你的内容加分，除非你想表达的故事就是乡村爱情。既然各大短视频平台都是以城市用户为主，为什么非得跟主流用户过去不呢？即使乡村小镇的用户数量在绝对值上有优势，也不能否认他们对城市生活的关注热度。既省钱省事又能集火输出，凭什么不选择城市呢？

从信息扩散的角度看，城市的曝光度更高，而乡村小镇则要弱很多。举个例子，你在街头拍摄一组镜头，周围肯定会有人看到，有的人会掏出手机拍摄下来然后上传到网络，无形中给你提高了曝光度，这还只是纯围观。如果是寻宝类或者其他互动性强的节目，现场的人流量会直接影响到节目效果，这些都可能成为你的内容在日后爆红的潜在因素。相比之下，乡村小镇虽然绝对人口多，但人口密度小，田间地头拍一段视频，围观的可能只有老黄牛，能起到增加曝光度的作用吗？想要视频爆红，单靠自己宣传肯定是不够的，只有探索自己熟悉的城市，让城市里的人当场外粉丝才是最明智的。

从行业发展的潮流看，因为抖音是老大，它的商业决策会直接带动整个行业的思考方向，这就意味着未来可能会有更多的平台倾向于城市化的内容，那么自然会伴随一些扶持政策，这对于短视频的初创团队来说就是一条顺风大道，选择它并坚定地走下去，很可能就在起步阶段甩掉了那些“逆风而行”的竞争对手，这样的潮流你不想着追赶一下吗？

新手上路，困难重重。在徐璐的讲解下，杨紫总算明白了选择场地的重要性，而且经过这么一番介绍，自己还冒出了不少灵感，她一会儿想着去市里的老地标拍个视频，用童年回忆和情怀吸引一波用户，一会儿想着去校园里拍个学弟学妹的视频，用青春和时尚给短视频贴上标签……当然，杨紫可没敢把这些想法告诉徐璐，因为她怕又被人家吐槽。

不管怎么说，有灵感总是件快乐的事儿，可这阵快乐还没持续多久，杨紫又开始发愁起来：要拍片子了，上哪去搞一部专业点的机器呢？杨紫本想让徐璐帮帮忙，可还没等她开口，徐璐拿出一部手机拍在桌上，就那么直勾勾地看着杨紫，一句话不说，杨紫顿时傻了。

3 一部手机怎么拍出爆火视频呢？

在杨紫的印象中，人们都是通过手机观看短视频，可说到拍摄短视频，她脑子里跳出来的都是那些“长枪大炮”的专业摄影机，因为她觉得只有那样才是艺术创作，不然就成了朋友圈分享的小视频了。可是仔细想想又觉得不对，真用了专业设备，通过手机还能看出多少高清的画质呢？而且，这不是和“内容为王”的理念相背离吗？

不过，杨紫无论如何也没想到直接用手机拍摄，她觉得最起码也得用个单反或者微单，那样效果总比手机强一些，可是她的这个想法在徐璐的眼里变成了“你太天真”的表情包了，徐璐翻出了以前拍摄过的视频给杨紫看，杨紫这才意识到，它们无一例外都是用手机拍的，而且点赞和播放量丝毫不差，这下，总算给了她点信心。

2019年，一个7秒钟的带货视频，一个7天的雇佣周期，收益是108万。这108万又是由什么创造的呢？一个大学生、一部三星手机以及一个宿舍（校园）。

不少人知道这件事以后都惊呼：就连微商也不敢编这种故事！然而，这就是真人真事。

短视频在给我们提供耳目一新的内容之余，也提供给我们一种全新的思考方式：那就是后台创作的硬件可以忽略，我们重点思考的应该是用户想要什么。

2020年开，5G手机和5G网络全面普及，这意味着互联网从过去的图文时代进一步走向了全面视频化的时代，有业内人士预言，至少80%的人会习惯通过直播和短视频的方式去获取信息以及消费购物，同样，也会有更多的企业、团队和个人成为短视频的内容创作者。

在这两大变化之中，第一条变化正好对应这一小节：大多数用户会“住”在手机里，“长”在短视频里，那么你给他们上专业的摄影机还有必要吗？没有必要，只要你没有对画质的特殊要求，一部手机足以成为你创作内容的主力工具。

废话少说，怎么用手机拍出火爆的短视频呢？首先我们要明确一个问题：你想拍摄竖屏还是横屏呢？从用户的观赏习惯来看，竖屏显然是主流，而竖屏拍摄的一个显著特点就是基本上不存在构图，你不需要过多考虑人物和背景的关系，因为人物必然占据画面的主要部分。相对而言，横屏会带出一部分背景，能够交代更多的信息。不过，从主流用户的审美倾向上看，建议还是更多采用竖屏拍摄的方式，因为涉及的技巧会比较简单，而横屏一旦掌控不好画面，就可能直接崩掉了。

那么，我们就来看一下，竖屏拍摄需要注意的三点技巧。

第一，主题格调。

不同的主题需要的画风是不一样的，这画风包括了颜色、锐利度、对比度等，总之可以简单理解为“我需要一个什么样的滤镜”。打个比方，对于美食类的视频，暖色调肯定更能激发人们的食欲，如果你用一大堆冷色调，估计观众会看得都有厌食症了。同样，你要是拍山川大海，锐度较高的滤镜会让画面有更好的层次感，能够给用户身临其境的感觉……总之，你的画面呈现要和主题相结合，不要让人们觉得格调违和即可。

第二，简单的构图。

不是说竖屏不需要构图吗？确实不需要，但一些基本的拍摄技巧还是要注意的。打个比方，你做的是服饰类的视频，那么拍模特的时候，就要遵循摄像的“顶天立地”原则，也就是人的头在画面的顶端，脚在画面的底端，专业说法叫“小全”，即小全景的意思。如果你把模特拉到画面中间，让出了一部分背景，这就变成了“全景”构图，可竖屏之下表达的信息实在有限，狭长的背景只能抢占模特应该占据的位置，干扰用户的视线，所以这种构图就是不合理的。同样，你想表达人物关系，在不想采用横屏的前提下，大咖级别的人物站在“C位”，就能起到强调的作用。除此之外，还有一些景别的专业名词，比如中景、近景、特写等，鉴于短视频的特点，这些基本上也用不到，有些也超出了手机的拍摄能力，不建议使用。另外，拍摄的角度也值得提一下，常见的有仰拍、俯拍、水平拍摄等，仰拍能够体现被摄目标的高大，俯拍则相反，当然使用更多的还是水平拍摄，因为越简单越容易操控，也不会挑战用户的审美习惯。

第三，简单的运镜。

运镜是摄影的一个专业说法，既然我们没有专业的器材，又是竖屏表达，那么复杂的运镜方式也用不到了，只需要掌握一些简单的运镜技巧。最常见的就是“推拉跟移”。推，就是镜头向前推进，它能够让人们接近画面的主题（主角），去尝试理解和接受，是一种释放好奇心和关注度的镜头语言，比如前方摆着一桌子美食，这种推的镜头就是让我们去“接近”（消灭）它们。拉，是指镜头向后拉，是为了表达主题（主角）和世界的关系，去尝试客观地看待和分析，是一种理性思考和认识的镜头语言，比如旅行类的短视频，让人物和风景各占画面一半，就能体现出人和世界的关系，会更深刻一点。跟，是指跟随主题（主角），有一种晃动感和现场感，寻宝类的节目很适合，还有那种赶海的小视频也很适合，跟着主角奔向大海，肾上腺素顿时分泌爆棚。移，是指上下或者左右移动拍摄主题（主角），就像电影里从一个人手上的动作拍到脸上的表情，是一种转移焦点、产生悬念或者揭秘的镜头语言，可以作为故事性的桥段连接，也可以作为画面主题的自然过渡。

除了拍摄技巧之外，拍摄前的调试工作也不能马虎。现在手机的像素尽管不能跟专业的相机和摄像机相比，但是画面用在短视频平台上却也足够了，所以要把分辨率调到最大参数，在拍摄的时候尽量保持手机的稳定性，除非你想用颤抖感去表达一些特殊的信息。最重要的是光线，因为光是摄像的生命，动态的画面也在其中，所以如果感到光线较暗而你拍的又不是恐怖片，尽量靠近光源或者租借便宜点的摄影灯，只有画面清晰了，你要表达的信息用户才能get到。不要看不起一部小小的手机，它虽然不能给你极致的画面，但是只要你用好了，它能给你的是整个世界。

不学不知道，一学吓一跳。在杨紫了解了手机拍摄短视频的入门技巧之后，刷新了她对手机的认识，也纠正了她对短视频的认识。其实，用户喜欢一个短视频，绝不是冲着它能和好莱坞大片媲美的标准去的，核心还是好看好玩，抓住了这一点，就相当于给视频加上了一层高水准的滤镜。

经验值又增长了一点的杨紫，开始摩拳擦掌地准备拿着手机出发了，可是一个新问题又出现在她的脑海里：一个人肯定拍不了短视频，我该找哪些队友呢？即使找到了三观一致的小伙伴，怎么让大家拧成一股绳呢？

4 再怎么技能满格，也抵不过磨合

在大学里，杨紫是一个人缘还不错的人，不论男生女生，对她的印象都很好。但是杨紫也知道，人缘好可不代表着具有领导力，真要想把短视频做成一个长期的大项目，光是靠人缘是不够的，更何况她现在的人际圈子还远远不够，未来还要拓展更多的新人脉，而结交新朋友就不能靠老交情，不能把分散的人整合成一个团队，说不定刚拍两个视频就散伙了。

想到这里，杨紫又盘点了一下徐璐的团队，常备人员至少有五六个，临时团队能凑上十多个，这还不算无法统计的幕后工作者。原来杨紫没觉得这算什么，不过是认识的人多嘛！可是现在，杨紫意识到这是真功夫，能把一个团队磨合成型，绝对需要一定的管理能力。这一次，杨紫没有直接向徐璐请教，而是打着取经的旗号跟着徐璐的团队参与了几天外拍，想了解其中的门道。

一个好汉三个帮，即便是低成本简单制作的短视频，单靠一个人完成也是非常吃力的，就算你是一个会策划会摄像会表演的全才，可是你能一边拍摄一边表演吗？即使技能树都让你全部点开了，你也不过是一个人两只手。

团队，永远是刚需。

那么问题来了，我们到底需要一支什么样的队伍呢？是按照现代大型企业的微缩标准选人，还是按照SOHO办公模式招兵买马？其实，回答这个问题的前提是提出几个必要的问题，解答了它们，你就心中有数了。

第一个问题，你的短视频周期是多长时间？

一天一条，基本上不太可能，能出来也是粗制滥造，对于新手最理想的是一个星期2～3条，时长控制在1分钟上下，按照这个产出速度，团队至少要有3个人，工作内容包括策划、拍摄、表演、剪辑、包装以及运营……具体怎么分配就看你识人用人的本事了。当然，在分配的过程中，一定要注意工作量的配比，不能把前期的工作都交给一个人，这样项目的推进速度会很慢，还会让剩下的人闲着没事做，所以尽可能地分开，让每个人的工作量既充实又不至于忙得不可开交。

作为初创团队，人手不足是家常便饭，所以当你是核心组织者的时候，就必须要多学几门技能，未必要多么精通，但至少能够应急，比如简单的后期制作，简单的拍摄，再比如会学积累人脉，能够在外联的时候找到便宜甚至免费的拍摄场地，这些都不能指着一个人去做，因为一旦发生特殊情况，整个团队的运转都会停滞不前。

需要注意的是，如果你选择旅游类的短视频，那么三四个人的小团队是远远不够的，因为这里面牵扯到很多事情，所以从团队人数控制的角度看，做容易上手的视频类型最好，这样能够方便成员之间有机会磨合，否则就是新车飚速度，发动机不冒烟才怪。

第二个问题，你的短视频要做好哪些工作？

知道了大体需要的团队成员仍是不够的，你必须了解每一项工作的具体内容，这样才能从职能职业的角度要求他们尽善尽美，和他们一起成长。

编导，可以理解为导演，主要负责对短视频的风格、方向、内容的策划，还要负责脚本的撰写，记住脚本和剧本不同，它是把拍摄内容以镜头表现的方式撰写出来，让摄像师看了之后就知道要拍几个镜头，用什么类型的景别和运镜手法。所以，这个职位十分重要，如果你有兴趣或者有能力，可以尝试去做编导，因为这项工作决定了短视频的灵魂。如果你没有兴趣也无法胜任，那就找一个自己信得过、足够了解的人来担当，而且这个人一定要有相应的沟通能力，否则随着时间的推移，你们会因为创作理念的不同而产生越来越明显的代沟，这就会直接影响到内容的产出。

运营，一般来说，这个职位对于初创团队而言不必找专人负责，它的工作范畴是如何让拍出来的短视频最大化地被曝光，所以这里面涉及营销和外联以及粉丝管理等多项工作，找一个脑子灵活且心细的人就可以，当然有相关经验是最好的。如果你没有去做编导，负责运营是最好的选择，如果你做了编导，再做这项工作就会比较吃力，因为产出内容是需要静下心思考和探索的，琐碎的事情会分散你的注意力。因此，你必须在“艺术”和“金钱”中二选一。

摄像，这项工作主要是实现编导的想法，所以负责这两项工作的人沟通会比较多，这就要考虑到他们之间的默契程度和私人关系，如果之前不曾合作过又急着上一个项目，就可能造成理解偏差，在拍摄的时候出现分歧，所以需要一个磨合的过程，比如可以先用一些简单的小视频拍摄练手，让双方都了解彼此，这样才能建立长久的合作关系。另外要注意的是，有些摄像师可能也有自己的想法，偶尔会和编导产生理念上的冲突，无论你是其中的哪一个还是纯粹的第三方，都要把这种冲突控制在正常工作讨论的范围内，千万不能置之不理，因为理念的不合很容易造成人际关系的破裂。

后期剪辑师，主要对成片负责，但是一般也会参与到策划的过程中，因为剪辑是二次创作，是用蒙太奇来实现一些创意的过程，所以召开头脑风暴会议的时候，一定要让负责剪辑的人到场并充分听取他们的意见，千万不能把定夺大权只留给编导一个人，这样会破坏内容创作的衔接性。

演员，对于一些演技要求不高的短视频来说，演员基本上是常驻在团队里的，当然如果想拍接近影视剧标准的视频，就需要专业性强的演员，即便如此，演员至少也可以算作半个团队成员，无论是编导还是摄像师，他们的艺术灵感都要通过演员去输出，所以演员的选择就至关重要，我们会在下一节专门讲述。

总的来说，初创团队所需要的角色和职能就是这么多，如果条件允许，你可以继续细化工作，让每个人都能专注自己负责的部分。但是需要注意，有时候人太杂了也不好，可能会出现分工不明、责任不清的情况，所以一定要科学合理地分配工作，不要为了分工而分工，如果真的出现所谓多余的人，可以做一些机动性的工作，不能随意安插到不适合他们的岗位上，比如临时给剪辑师配一个不懂剪辑的人，或者剪辑师完全能应付得过来却又塞进来一个，这些做法都会破坏团队工作的稳定性。

说一千道一万，团队的磨合不能全靠所谓的自觉，而是需要一个灵魂人物的拿捏和协调，而你就应该成为这样的人，能够在短时间内找到人，也能够以最低的成本锻炼出人才。而这一切的一切，需要你首先了解每一项工作的具体内容，同时也要了解你的队友，深入他们的内心世界，这样你才能成为他们肚子里的“蛔虫”，让团队在你的引导下，从用户爱答不理变成趋之若鹜。

自从跟着徐璐和她的团队看了几天拍摄，杨紫终于理解了团队合作的内核是什么，那就是定三观，同节奏，共进退。三观，决定了拍摄和创作的方向；节奏，决定了内容产出能否进入流程；进退，决定了能否度过创业最艰难的时期。在杨紫看来，她目前并不需要能力多么出色的人，因为这样的人也很难屈尊在她的小团队里，但是起码要有相近的三观，才能把这项事业做下去，至于能力，多少还是能够在实践中慢慢提升的。

不过，跟随徐璐的经历让杨紫意识到，除了自己的小团队以外，还有一些流动性的队友，最有代表性的就是演员了。怎么找演员，怎么让演员配合自己，感觉是比经营团队更难的一件事，幸好，徐璐再一次给了她启发。

5 选对人，剧本就成功了54.5%了

演员，在杨紫心里一直是个很特别的存在，因为她自己也是半个“饭圈女孩”，只不过没有其他人那么疯狂而已。现在要拍短视频了，杨紫知道如果要用剧情打动用户，找个合适的演员是必须的。原来，杨紫以为演员必须要专业，可是跟着徐璐跑了几天以后，她发现徐璐找的人并非专业演员，但是无论表情动作还是台词都不违和，这让她很是惊讶。

趁着午休的时候，杨紫笑眯眯地凑近徐璐，向她打听选演员的技巧，徐璐一边啃着鸡腿一边对她说：“选演员着什么急？”杨紫愣住了，不解地看着她。徐璐咬了一口鸡腿说：“你得先有剧本，按照剧本选演员，选对了人就成功了一大半！”

演员，或者叫短视频的出镜者，他们是团队中比较特殊的存在，因为一般来说编导和摄像师不会出镜，运营和剪辑师也不会出镜，人们甚至不知道这些人的名字，但是他们一定会熟悉演员的名字，因为演员是将团队的所有创意全盘承托的存在。

前面我们说过，除了少数追求精致剧情的短视频之外，大多数的短视频对演员的演技要求并不高，所以短视频行业中的演员多半是非专业性的。虽然不是科班出身，但是这些人多少都有表演天赋，这是一个最基本的门槛，千万不能只因为外表俊俏靓丽就直接录取了。因为从某种意义上讲，演员是短视频的灵魂。

为什么称为灵魂？短短十几秒到一两分钟的视频，就算你是昆汀、黑泽明，也不可能拍出多么震撼人心的东西，因为时间有限，内容表达的空间有限，用户的注意力还那么分散，一旦前几秒钟感觉不好玩就拇指一滑说声拜拜了。那么，谁能在这短短的几秒钟内留住用户呢？只能是演员。所谓的精妙好点子，都得看演员的发挥如何，否则就是空谈。

既然演员如此重要，我们要按照什么标准去选择呢？

第一，符合角色定位。

短视频不是青春偶像剧，找俊男靓女来演就会有人看，何况你能找到的俊男靓女能比得过专业的影视剧演员吗？既然大多数短视频都是从生活出发，以身边的小事为切入点，那演员也一定要生活化。你想讲一个保安大哥的系列故事，找个身高一米九、长着欧美男模脸的演员有代入感吗？你想模仿李子柒来个乡村文艺系列，找个嗲声嗲气的网红能有代入感吗？核心原则只有一条，演员必须和角色的定位保持一致。你设定的角色会弹琴，那就找一个会弹琴的演员，哪怕没有精致的容颜，只要不会吓到人，用户就不会那么在意，因为大家不是奔着演员好看才来看短视频的。

也许有人会说，那我找一个长相一般但有内涵的演员总可以了吧？这也未必就正确。我们所说的长相不重要，指的是不用按照偶像剧的标准去选角色，但这并不意味着形象不重要，这和形象好不好看是两个概念。一个几十秒的视频，演员一出场就必须给用户一种代入感，这个是不需要表演来弥补的，因为也根本没有表演发挥的空间。

我们在一些影视剧里会看到那种第一眼觉得不符合定位的角色，但是随着剧情的推进，我们会发现这个演员还是蛮适合这个角色的，这种情况基本不会发生在短视频中，因为时间太有限，你想演绎一个街头混混，必须一眼看过去就觉得不正经，你想演绎一个小清新，那必须就是清纯可人的，不要把角色弄得多面化或者立体感，因为，你没有那么多时间。

第二，镜头感。

我们都知道，试镜是演员必须通过的一关，简单说就是你能否在镜头前放得开，而不是我在大街上看到一个浑身“艺术细菌”的人就能拉过来当演员，要知道，有些人是会“晕镜头”的，平时插科打诨无所不能，一到机器转了就两腿发麻后背冒汗，所以这样的人即便在形象和气质上符合角色设定，但是因为无法演绎也不能被选中。

当然，镜头感是可以改变的，有些人经过几次拍摄之后就会适应这种工作氛围，慢慢就能找到感觉，所以遇到人物形象和角色设定非常符合的人，建议试着培养一下再做决定，毕竟人都会成长的。

培养演员的镜头感也是有技巧的，有的人在镜头前放不开，很可能和现场的气氛有关。比如你想拍摄摆摊小贩的点滴生活，却找了一条站马路中间五分钟都见不到行人的街道，演员当然找不到感觉。气氛，是和你要表达的主题承接在一起的，要展现亲子关系，就得有一个温馨可爱的儿童房，要传授职场的生存策略，就得有个像模像样的写字楼办公室，因为你的演员不是专业的，你也并非专业的导演，他们无法快速进入角色，你也不具备引导他们的能力，所以对现场氛围的要求就很高。可以低成本拍摄，但不能葛朗台式地拍摄，不该省的钱一分都不能省。

第三，标签。

如今人们喜欢用“辨识度”去评价一个演员，当然，辨识度不仅仅是指五官，也包含一个人的气质、气场以及表演风格。打个比方，你找了一个很有幽默细胞的人去模仿宋小宝，或许会吸引一些人来看，但这个演员本身是缺乏辨识度的，除非你铁了心要走这种复制粘贴的表演路线，否则不建议这样做，因为你可能只看到了这个演员身上和宋小宝相似的一面，却忽视了原本能属于他自己的独特的一面，让他失去了一个拥有独特标签的机会。

短视频的高速发展势必会形成一股复制的潮流，这个也是几乎所有行业的通病，模仿本身并不可怕，可怕的是你除了模仿内容之外连演员都没有一点原创性，这就会让你的作品彻底失去“辨识度”，也许可以借助别人的热度增加几次曝光率，可一旦你的模仿对象热度降下去了，你也就跟着凉了。

其实，给演员贴标签并没有想象得那么难，如今很多短视频的出镜演员都会有意或者无意地弄出一句口头禅或者标志性动作，比如“不会吧不会吧”或者“来了老弟”等，其实这就是用最简单的办法给演员增添辨识度，可别小看这些细节，当你的视频积攒到一定的数量和播放量之后，口头禅和小动作也就逐渐加深在用户的记忆中，让演员的形象越来越突出鲜明，而这就是吸粉的原始积累阶段。

演员是内容的实体化，是灵感的喷发点，更是吸粉的第一面大旗。选好演员并引导他们，这已经不再是简单的表演范畴，而是决定了一个短视频项目能走多远的运营范畴。

有明白人指教，就能少走不少弯路。原来杨紫以为短视频的演员起码也得去什么艺术院校找几个俊男靓女，可是经过徐璐的现身说法，她才知道演员不仅是要选的，更是要培养和练出来的，这都是因为短视频自身的特点决定的：专业的表演技能固然重要，可如果不能适合在竖屏剧里演出，一样也是不合格的。另外，不同的短视频平台中，用户对演出者的要求也不一样，有的人喜欢看接地气的大妈大爷，有的人喜欢看满嘴糙话的油腻汉子，剧本要结合，受众的口味也要照顾，这才是一个演员的自我修养。

经过几天的偷艺和琢磨，杨紫的脑袋清醒了不少，当她以为自己可以要出师的时候，却忽然注意到徐璐他们每天都要写日记一样的东西，过去一打听才知道那叫拍摄日志。乖乖，这又是一招什么技能呢？

6 拍摄日志：你必须知道的几件事

从小到大，最折磨杨紫的语文作业就是日记了：真话不敢写，假话不愿写，你说老师布置点作文不好吗？不过，让杨紫更疑惑的还是徐璐他们的拍摄日志，她出于好奇拿过来翻了翻，只见上面歪歪扭扭地写了很多拍摄心得、拍摄流程记录之类的东西，看得头都大了。杨紫酝酿了半天对徐璐说："你们记这个真的有用吗？"徐璐笑了笑："确实没啥用。"说完就转身去给演员讲剧本去了。直到这时，杨紫才反应过来自己问了蠢话，可是徐璐现在忙起来根本不搭理她，没办法，杨紫只好站在旁边，一边看他们忙活一边在心里琢磨，然而奇迹就在这个时候出现了——杨紫终于找到拍摄日志和日记的共同点了，没错，她刚才是问了一个最最愚蠢的问题！

日志，是对从事某项工作时发生的各种情况的总记录。从本质上看，日志和日记没有多大区别。日记记录我们生活的点点滴滴，同时也在展现我们是如何一步步成长起来的，日志也是同理，那么拍摄日志就是具体化了——有关拍摄的点点滴滴。

可能有人打听过，专业的拍摄团队也未必会记录拍摄日志，那一个非专业的短视频团队为什么要搞这个东西呢？不是白白浪费精力吗？这个还真不能乱比较，专业的团队，上到导演下到场务，不是有学历的就是有经验的，剧组里的那点事儿、那点活儿对他们来说都是手拿把掐，不需要特别的记录。但是短视频团队就不同了，大多数人都是新手上路，缺乏正规的教育，也缺少业内人士的指导，基本上处于“野生”状态。如果不对团队的行为进行复盘，不对错误的行为进行约束，跑偏了、长歪了，那是再正常不过的事情了。

那么，有了拍摄日志就会变得不同吗？答案是肯定的，拍摄日志可以提供给我们三个重要的助推力。

第一，复盘当天的工作内容，反思存在的问题。

当你撰写日志的时候，就是在回顾拍摄当天发生的事情，相当于进行了一次快速复盘，那么拍摄现场发生的各种事情会在你的脑海中重新梳理一遍：你和你的团队都做了哪些工作，哪些做得让人满意，哪些做得存在缺陷，满意的地方能否变成亮点，不满意的地方能否在下一次拍摄时改正过来，团队之间就某个问题是否存在争议，谁的意见更值得采纳……总之，每一件看似微不足道的小事，其实都在真实地反映你团队的现状，积攒的矛盾不解决，迟早会在某一天爆发，好人好事不找机会表扬奖励，怎么对得起有梦想的人？

第二，记录团队的工作情况状况，关注每个人的成长。

如果你是团队的核心成员，只关心自己当天收获了多少，意义并不大，因为你还需要一帮队友的支持。只有你在进步，别人在原地甚至退步，这样的团队逃不过木桶效应。所以，记录拍摄日志，看看每个人当天都干了什么，干的是否符合预期，是否存在浑水摸鱼的情况，这些都能让你重新认识团队成员。因为当我们投入到工作中时，会本能地忽视身边的人，谁好谁坏很容易分不清，所以为了拍摄日志的客观性，我们在撰写前要和身边的人简单聊聊，通过A去了解B做了什么，通过C得知D干了什么，把这些信息记录下来，就成为可供参考的原始资料。那么，随着拍摄日志的逐渐积累，你会逐渐发现有的人一直在进步，有的人可能在退步，有的人存在认知上的问题……那么这本日志就成为管理团队的大数据资料，你要做的就是帮助每一个成员取得进步，因为大家都是门外汉，完全靠自学和自觉成长为高手，真的是一件有难度的事情。

第三，发现新的创意灵感，为内容的可持续性作保障。

做一个优质的短视频其实并不很难，但问题在于，谁也不能靠一个短视频火一辈子的，特别是互联网这种记忆只有几天的地方。看看那些火起来的短视频博主，哪个不是绞尽脑汁把内容越做越丰富，而不是吃老本等着粉丝无脑买账。所以，内容的可持续性决定了一个短视频IP的生命，那么创意就是重要的养料了。人人都知道灵感很重要，可是抓住灵感实在是有些“玄学”，而最踏实的办法就是在日常的拍摄中积累想法。你在电脑前敲策划方案和身临现场实操，感觉是不一样的，现场会有各种变化，会有很多人七嘴八舌地议论，这些外界因素都会给你新的想法，只要内核有价值，经过一番打磨之后就可能变为伟大的创意。自然，收集这些灵感的碎片，没有拍摄日志是不行的，不要迷信你所谓的好记性，今天的文思泉涌很可能睡一觉就被吸干了，所以一定要以文字的形式记录下来，说不定在记录的时候还能迸发出新的灵感火花。

以上三条，就是记录拍摄日志的好处，那么，如何撰写拍摄日志呢？我们简单做一个撰写模板。

6月1日拍摄日志

参与者：张三，李四，王二麻子

拍摄内容：《系列短剧小朱赔棋》

拍摄经过：

1. 早上张三和李四带着设备来到拍摄地点。

2. 李四提出今天拍摄要充分借助自然光，因为上次剪辑发现滤镜的效果不好，和字幕色调很违和。

3. 王二麻子找来两位群演，其中一个群演问这个视频在哪儿能播出，一共多少部。

拍摄总结：当天拍摄的时间不长，中途化妆、清场、找临时群演的时间太多，耽误了不少工夫，在拍摄的所有素材中，最有价值的是在写字楼顶端俯拍的人们下班时的画面，四个出口同时走出人群，很能反映出当代都市生活的快节奏，配上带感的背景音乐会很有感染力。

这就是拍摄日志所要记录的主要内容，如果你有精力，可以写得更加详细。也许仅此一篇日志，不会带给你多大的感触，但如果是十几篇甚至几十篇日志，从头阅读的话，就能够感受到一个项目从孵化到实现的各个环节，像是在看自己的孩子诞生，还能从中找到继续走下去的信心和力量。

徐璐终于忙完了，杨紫也把自己刚才琢磨的东西整理了一下思路，来到徐璐面前一五一十地说出来，原以为徐璐会因为刚才那个傻问题生她的气，谁知道徐璐听了杨紫的总结后竟然瞪大了眼睛：“行啊你，是干短视频的料，不是百度百科的吧？”杨紫摇摇头：“我就是把日记的精髓提取出来，融入拍摄日志里。”徐璐点点头：“你说得对，日记记录我们的成长，拍摄日志记录视频的成长。不过……”杨紫一看徐璐在卖关子，顿时忍不住问怎么了，徐璐操着神秘兮兮的口吻说：“日记靠的是文字，拍摄日志可不能只靠文字啊。”杨紫自言自语着：“不靠文字靠什么……对了，靠画面！”

7 声画效果：新鲜感和刺激度的平衡

如果看电影找穿帮，杨紫算是半个行家，因为她对画面细节的捕捉能力一直很强。可是如果让她自己来拍视频，一下子就大脑空白了，因为她除了知道蒙太奇这个比较专业的词汇以外，其他就什么都不知道了。为此，徐璐不遗余力地给她上起了入门课，然而“板书”只有四个字：新鲜刺激。

按照杨紫的理解，新鲜就是要有创意，一眼就能吸引用户，徐璐表示90%正确；至于刺激，杨紫琢磨半天说：“是不是要有一些虎狼之词或者劲爆的画面呢？”徐璐瞪大了眼睛看她：“你拍视频是奔着封号去的吗？”杨紫这才知道说错了，徐璐一字一顿地说：“刺激，是要从画面入手，从镜头语言入手，先刺激用户的视觉，再刺痛他们的心！”好家伙，这句话把杨紫直接听晕了！

虽然短视频不能和大制作的影视剧比声画效果，但是这并不意味着短视频不需要声画效果，它毕竟是视听的艺术，只不过有属于自己的行业制作标准。那么，这个制作标准是什么呢？概括起来主要有两条，一个是画面的新鲜感，另外一个是声音的刺激度。

也许你听起来有点一头雾水，那么我们先来分别看一下短视频的画面和声音需要注意哪些问题，然后再来解答这个问题。

先说画面。虽然短视频对画面的要求并不高，但是有两点因素不能忽视，一个是防抖，另一个就是光线。有些人在拍视频的时候，因为缺少防抖的技巧和相关的器材，导致画面抖动得很厉害，让人看了以后非常不舒服，这样就糟蹋了原本可能不错的构图，造成恶劣的观感。其实避免防抖很简单，利用三脚架、独脚架以及防抖稳定器等都可以，网上也有很多价格亲民的选择，正所谓“工欲善其事，必先利其器”，有了相对专业的器材就能减少很多麻烦。除此之外，拍摄时的技巧也很重要，即便你不负责摄像也应该懂得这些知识，比如在拍摄时应避免大的动作幅度，尤其是在移动拍摄视频的时候，上身的动作量一定要少，下身的移动以小碎步为主。在走路的时候，保持上半身稳定，如果需要旋转镜头，一定要保持上身为旋转轴心，双手关节尽量不要动。

当视频画面稳定时，才能呈现给观众清晰的视觉信息。除此之外，还要注意光线的运用，比如在大多数场景下，应该采用顺光的方式拍摄，也就是借助阳光帮你照亮被摄物体，如果你想表达特殊的含义，也可以采用逆光、散射光等方式表达物体和人物的关系，如果现场的光线不足，就要尽量通过打光来弥补，让画面的光线在合适的范围之内。

说完了防抖和打光，我们再来看什么是画面的新鲜感。众所周知，短视频在各个平台的产量是非常惊人的，这其中不乏优质的原创，也少不了一大波跟风模仿的作品。能否在竞品中脱颖而出，给用户的第一印象是非常重要的。所以，当我们的视频满足了基本的拍摄要求（清晰明亮）之后，就要在第一眼打动用户，比如借助逆光拍摄出一种温馨自然的感觉，这对于旅游类、生活分享类的短视频都非常适用，因为巧妙地运用了光线，画面又非常稳定，所以给人呈现的是专业艺术大片的感觉。

新鲜感也是有小技巧的，比如你想拍摄小清新风格的朦胧美，那就可以用塑料袋或者矿泉水瓶来完成，根本不需要专业的设备。

选择透光性好的白色透明塑料袋，把它剪成适合的形状，固定在摄像设备的镜头上，这样拍摄出的画面就有一种朦胧的光斑效果。同理，选择白色透明的矿泉水瓶，里面装入少量的水，然后把水瓶放在镜头前，同样可以产生光斑效果，当你移动水瓶的时候，就能在需要的位置上产生光斑。

以上这些小技巧，可以让你的视频画面别具一格，而且制作成本低廉，有了良好的第一印象，用户才愿意继续观看。

说完了画面的新鲜感，我们再来看声音。一般来说，短视频拍摄用的都是现场同期声，不过要注意现场环境必须要安静，否则收声效果会非常不理想。如果环境真的很嘈杂，那就要使用一些便携式的话筒比如“小蜜蜂”之类的，有了这些相对专业的处理方式，才能有适合剪辑和播出的原始素材。

除了控制噪音之外，配音也是非常重要的，甚至在某种程度上决定了用户的第一感觉，就像人们刷弹幕经常看到的“开口跪”一样，精彩的配音能为视频加分很多，那么怎么选择配音呢？一般来说，宣传片和广告片采用的都是专业配音，比如《舌尖上的中国》这种浑厚悠长的声音，当然这对于短视频制作来说成本太高，也未必会产生“刺激度”，所以最好的办法是利用自己的声音。

为什么自己的声音会有刺激度呢？可能你也有这样的感觉，有些热门视频虽然内容不新鲜，但是背景音乐的选择却非常失败，选用的是被玩烂了的那种傻笑声，这就说明大家对这种曾经火爆的声音产生了“免疫力”，不但不能加分反而会减分。所以，大胆地用自己的声音或者团队其他人的声音，这样不仅能独树一帜，说不定还能让用户一听就爱上了这种声音。

现在很多做美食或者美妆的自媒体博主，都是通过录制自己的声音来配合画面的，可以同步拍摄和录音，也可以后期单独配音（声音效果会更好）。这种看似非专业的配音，其实更能打动用户，因为画面是你的创意产出，没有人比你更了解，你会带着真情实感去说、去唱，这种感染力是从音乐库里直接剪辑所不能比的。

打造有刺激度的声音，同样有几种技巧。

标志性的人声，就是有辨识度的声音，可以通过变音软件适当夸张，就像papi酱的短视频那样的“鬼畜音”，既简洁又富有张力；神曲重新剪辑，这就可以避免用烂了的背景音乐给观众带来的反感，因为融入了二次创作，就能讨好观众，比如加快版的《二泉映月》，就会从悲伤的曲调变为明快的节奏，深深刺激观众的灵魂。除此之外，用极有节奏感的配音或者配乐，也能让观众快速地代入进去，甚至跟着节拍不由自主地拍手和扭动身体，这种操控他人身体的刺激度，更是具有“洗脑”和“上头”的效果。

总而言之，原汁原味的视频画面，配上独立自主的声音，这才是短视频的精髓。随着从业者越来越多，竞争压力也越来越大。那么，谁能在声音和画面上拔得头筹，刺激观众视觉和听觉，用清新独特的方式霸屏，谁才是真正玩透了短视频的内涵。

虽然徐璐这个启蒙老师授课的时候有点没正行，不过道理还是说得有板有眼，终于让杨紫明白什么是“视觉化”的表达。这也难怪，自己看别人拍的东西找碴挺容易，真要亲自下厨还真有点分不清油盐酱醋。不过，杨紫相信自己在视觉方面的小小天赋，大不了前期拍的东西就当是练手了，谁还下生就会拍视频呀！可是，徐璐刚才说的“后期剪辑”倒是提醒了她，因为看电影能看到画面，可没学过剪辑怎么办?

8 后期剪辑：如果拍砸了只能靠它

“剪片子”这个词，杨紫以前是听说过的，她知道拍东西不是按照播放的顺序来的，所以一定要重新排个大小个儿。可她没想到的是，在徐璐口中，剪辑可不只是对素材的排列组合，其中还包括了很多的再创作，特效这种就不说了，单是怎么组合素材顺序，产生的表达效果也是完全不同的。“而且，”徐璐说到这里还邪魅地一笑，“告诉你个秘密，有一次我们的视频拍砸了，但是发出去还是进了榜单前十，你知道是为什么吗？”杨紫茫然地摇摇头，徐璐说：“我们把最好玩的5秒镜头放在了前面，把没笑点的配上了搞怪的背景音乐，把看了想睡觉的配上了简笔画，粉丝一看就炸了！”

如果说这世界上有后悔药的话，那么视频剪辑说第二，没人敢说第一。

剪辑是什么？是对拍摄素材的二次加工，著名的蒙太奇手法正是通过剪辑来完成的，由此可见，单单是对素材的排列顺序进行调整就能产生不一样的视觉效果和主题表达，更不要说加入其他后期特效了。对于短视频制作，剪辑和包装是最基本的也是最重要的，包装主要涉及营销，而剪辑就是纯粹考验艺术欣赏能力的技巧了。

当然，如果你是一个初学剪辑的新手，也不用害怕下不了手，现在有很多傻瓜式的软件都能帮助你完成剪辑大师的梦，比如会声会影、爱剪辑等，它们的操作都比较简单，网上也有很多相关的教程介绍，只要沉下心认真学上一个星期，基本上都能出徒了。特别是像剪映这样的软件，更是短视频剪辑的神器，有这一个就足以应对日常短视频的后期处理需要了。

可能看到这里，有的人就急匆匆地去拍摄了，毕竟你都说了有那么多教程还看书干什么呢？然而，相信有不少新手肯定遇到过这种情况：拍摄完毕之后，坐在电脑前准备开剪了，结果发现素材根本不够，哪里还有“下剪刀”的地方呢？这回明白了吧，剪辑是对素材的加工，你的素材都不够丰富还怎么加工？

作为新手，在剪辑视频的时候一定要注意五件事。

第一，同样的场景，试着多拍几个角度。

我们在看影视剧的时候，如果是多人对话，镜头会不停地切换，这是因为在拍摄的时候不止一台摄像机在工作，会有至少两台机器，所以不同的角色会有不同角度的特写。虽然短视频不要求精工细造，但是必要的镜头切换是不能偷懒的，这就要求你要准备两台能拍摄的机器，可以一台是专业的摄像机，另一台是中高档的单反，多捕捉同时空下的不同细节，这样才能在剪辑的时候有发挥的空间。这样，如果你的主摄像机拍得不好，副机拍摄的内容就可以顶上去，如果两个画面都不错，还可以交叉切换，丰富镜头语言，让用户看上一眼就沉迷进去无法自拔。

第二，踩点。

“踩点”如今是一个常用的网络用语，多指在对某些视频重新配音配乐之后，原来的高潮部分仍然可以和新的背景音乐搭配上，这样就给观众很奇妙的观赏快感。同样，踩点也适用于短视频这种原创内容，选择一段好听的背景音乐不过是个开始，还要在后期剪辑的时候让音乐的节奏和画面中的人物动作、场面切换相切合，这样才能带来最燃爆的声画效果。如果你觉得这门技术不够熟练，可以多看看那些经过

“鬼畜”改编的短视频作品，很容易就能找到灵感。

第三，时长。

有些人明明知道自己拍的是“短视频”，可经过一番“大刀阔斧”的剪辑之后，发现自己拍摄的却是长视频，少则三五分钟，多到七八分钟，这样的标准已经超出了短视频平台的要求范围，为什么会出现这种情况呢？那就是前期拍摄的素材太多，哪一个都舍不得放弃，甚至多角度的素材一个不落地全塞进来，从画面上看是丰富了，却大大拖慢了节奏，让观众看得一头雾水——这都什么玩意儿啊？切记，剪辑的时候一定要“心狠手辣”，先给自己设定一个时长限制，然后再做剪辑，别觉得你的视频很好看，长一点也没关系，要知道你投放的是短视频平台，很多用户超过3分钟的视频都没耐性看完，千万别挑战用户的习惯。

第四，合适的字幕。

麻雀虽小，五脏俱全。短视频虽然时间不长，但是该有的东西绝不能偷工减料。有的人懒得加字幕，认为自己全程都是标准的一级甲等普通话，配字幕既浪费时间还占据屏幕。从道理上讲是没问题，可如今观众看东西已经养成了看字幕的习惯，就连经典情景喜剧《我爱我家》那么标准的京腔发音，也有不少观众吐槽没字幕看不习惯，更不要说你的原创小视频了。而且从审美的角度看，字幕搭配语音，可以强化某个桥段的感染力，比如疯狂吐槽的时候配上“这真是太狗S了！！！”，用夸张的字幕叠加，就能充分调动观众的情绪，让画面和声效更有冲击力，比干干净净的屏幕下方要好多了。另外，有些用户是在办公室偷偷观看短视频的，声音不敢开太大，加上字幕也是一种贴心的做法。

第五，特效。

短视频的“特效”和好莱坞大片的“特效”，从本质上是不一样的，后者是为了模拟真实震撼的大场面，而短视频的“特效”其实是为了烘托气氛，技术简单，一部手机就能搞定。关键在于它的创意性，要加在合适的时间点上，比如著名的“墨镜大金链子”特效，就是为了增加喜感，再有一些综艺节目中常用的“大头”特效，也是为了活跃气氛。关于特效，新手不必抱着高考的心态去学，因为比特效更重要的还是内容，特效不过是锦上添花而非必需。

回到开头说的后悔药，其实那是一种夸张说法，剪辑可以为原本内容不够出众的素材增光添彩，但它仍然不能决定一条视频的好坏。它可以被我们当成是拍摄B计划的一部分，但不能当成浮夸的炫技。剪辑是为了让片子看起来更有吸引力，而不是证明你是一个剪辑大师。

真是不听不知道，短视频真玄妙。一个拍得不怎么样的素材通过巧妙的拼接就能变成爆款，让杨紫不禁想起了她在米兰时装秀上看到的奇奇怪怪的服装：明明就是几块破布头，经过所谓的大师设计就变成了价值不菲的艺术品，这道理不是和剪辑一样吗？不过，徐璐也语重心长地告诉她：“这种玩法只是无奈之举，用一次还可以，用多了粉丝就不买账了。”杨紫表示她一定谨记前辈的教诲。就在这时，徐璐的手机响了，是一个合作伙伴打来的电话，问徐璐视频投放的事儿，杨紫一听就来了精神，她正发愁创作的大方向呢！不是为了艺术，这是为了钱啊！

第 五 章

CHAPTER FIVE

布局策略：

找准自己的定位和目标

酒好也怕巷子深，如今互联网上视频多如牛毛，你能做的别人也能做，“死磕”不出高下，那就只能比谁的外部环境好，找对靠山，远离雾霾区，才能活到最后！

1 定目标：猎取电商吃不掉的市场

有关拍摄和制作的知识，杨紫学到了不少，她也开始带着一帮小伙伴们一边学一边练，虽然一开始弄出的几个片子不让人满意，但好歹有了阶段性的进步，就连徐璐这种毒舌都夸他们进步很快。于是，杨紫准备把几个自认为满意的片子上传，徐璐得知以后，让她马上住手。杨紫不解地看着徐璐：“你都说拍得没问题了，还不够上传的资格吗？”徐璐摇摇头：“我说拍得不错，是单纯从短视频的角度，但是从商业化的角度，你这些片子完全不及格。”杨紫一听心就凉了半截，徐璐则语重心长地说：“你可以自定义短视频的内容，但是总要定一个明确的商业目标吧！”

如今短视频的浪潮已经席卷到各个领域，不少人建好团队了，拍完片子了，就连获奖感言都想好了，可是等到发布的时候才发现缺少了最重要的元素——商业化。

拍摄短视频是一种艺术创作，但从它的诞生环境和时代来看，更像是带有艺术元素的商业品，而内容电商也的确是短视频行业发展的趋势，正如它的近亲直播一样，已经走上了直播电商的道路。自然，短视频电商这个理所当然的嫁接词也是符合逻辑的。

看看那些在短视频领域混出来的头部博主们，成名之前借助不同的平台发布自己的原创内容，成名之后会把商业化的东西植入进来。有人想照葫芦画瓢再来一次：先做自己喜欢的，出名以后再等金主过来。醒醒吧，你确定自己的原创内容能够像大咖那样火爆起来吗？你确定你有忍耐力苦熬上一年半载甚至更长的时间没有收入吗？更重要的是，时代不同了，现在各大平台都推崇“短视频+电商”的模式，你还有什么理由不直接参与进来呢？

可能有人会问，电商本来就有自己的平台，短视频也碰瓷电商，这不是拉仇恨吗？

此言差矣。

传统电商经历十几年的快速发展，如今无论从市场规模还是营销方式上，都已经触到了天花板，换句话说就是玩不出什么新花样了。所以，怎样挖掘新增流量，这是各大电商正在考虑的问题，而短视频依靠着丰富活泼的内容和与生俱来的社交属性，加上用户对碎片化时间的依赖，一下子让它成为新的蓝海市场。

简单说，短视频关注的就是传统电商消化不掉的市场。传统电商不仅不会阻挠，反而会主动寻求合作，这才是短视频新手们瞄准的猎物。

和图文营销相比，短视频更加具有视觉冲击力，能够吸引用户的注意力，尤其是在传递品牌形象、产品形态的时候会更加流畅，用户在短视频场景中的评论、点赞乃至转发，都能够在无形中提高视频内容的宣传度，最大化地达到营销效果。那么，在实操中如何将短视频和电商完美地联合在一起，最深度地触及用户呢？

最核心的一条就是以用户关注的内容为着眼点，打造能够和消费场景联系起来的元素，包括用有价值的内容来驱动用户，以及创造消费场景连接用户的感情。

什么是有价值的内容呢？我们如今身处的社会环境是信息爆炸和过载，由此发生了“墙纸效应”——一个大房子里贴满了墙纸和只贴一张墙纸，显然前者会被忽视。所以，有价值的内容就是一张精致的墙纸，用来吸引用户少得可怜的注意力，这才是真正的稀缺资源。而如何去判断内容价值的高低呢？这不能一概而论，要看你的短视频准备走哪条路线，走幽默搞笑的，用户笑的时候露出几颗牙就是价值标准；走知识传播的，用户能够获得多少硬核知识就是价值标准。说白了，价值越高就代表着短视频的市场适应性越强，越能吸引用户的注意力。

所谓用消费场景连接用户的情感，这是互联网时代的大势所趋。为什么很多电商平台出现了3D展示产品的功能？就是为了让消费者体验在实体店近距离接触产品的快感，让产品更加真实，而线下的体验店更是将场景化推向了极致。那么，短视频同样可以实现这个功能，虽然无法直接输出3D视觉效果，但是可以通过博主的一系列神操作带给用户接近真实的“沉浸式体验”，比如美食的吃播，比如家电的应用，再比如旅游景点的身临其境等，只要内容保持一定的质量和足够的连续性，就能不断吸引用户关注下去，让他们在观看中就能获得乐趣。

在以上两点元素的作用下，用户会通过短视频逐渐爱上产品，最后产生消费行为，实现了从观众到消费者的转变。

看看吧，这就是短视频弥补传统电商不足的发力点，但是要想使用得当，必须找到“关键时刻”。这是一个基于大数据背景下的全新营销视角，是以消费者为原点和主题的营销新方法，它的核心在于用正确的方法在正确的时间感动正确的人。打个比方，你在十一长假前的一个周末，给一个上班族播放一段旅游类的短视频，从而给了他“假期去哪玩”的最终答案，这就是在正确的时间用正确的方法打动了正确的人，而这也是短视频电商的核心玩法。

也许有人会悲观地认为，我不是最早进入短视频行业的，别人捷足先登了，我被“马太效应”了怎么办？毕竟那些头部网红的吸粉和吸金能力实在厉害。其实大可不必如此担心，短视频电商的模式虽然符合时代发展趋势，但是目前营销效果好的并不多，主要是受到两个因素影响。

一方面是作品实在太多，但是优质的比较少，更多的是“自嗨型”的作品以及跟风式的作品，内容同质化极其严重，千篇一律的视频，怎么能用“正确的方法”打动用户呢？所以，如果你有好的想法，如果你能不落俗套，完全可以异军突起，从看似饱和的市场中杀出一片新天地。

另一方面是营销属性过于突出，影响了用户体验。正常来说，看视频和买东西应该是两回事，所以用户的心态是不同的，不过这并不代表大家不能接受广告，而是在于这个广告植入得是否巧妙。如果是生硬的广告，必然会引起用户的愤怒，可如果是讨巧的或者温和的，比如用夸张的幽默方式赞美某个产品，观众哈哈大笑之后会表现得很宽容。再比如只把商业元素放在片尾，风轻云淡地提一下，这样也不会让用户反感。如果你能把握好这种尺度，就能吃“短视频+电商”这碗饭。

任何一条道路都不会走得很顺，短视频电商模式也不过才开始，市场在整合，用户也在适应，现在进入并不晚，甚至还能免费学习一波经验教训。只要定好了目标，一边探索一边尝试，总能有点回报。

在分析了电商和短视频的关系以后，杨紫原本混浆浆的脑子总算变得清晰了。她很庆幸有徐璐做指点，不然内容和商业化脱节，很可能拍出的都是叫好不叫座的片子，那她怎么和团队交代呢？不过，既然商业化如此重要，那么到底如何量化才合理呢？“我是一个月赚100万还是10万呢？”杨紫反复念叨这句话，而她发现徐璐正在平静地看着她，杨紫忽然意识到了什么。

2 测体量：别急着赚一个亿，小段子做好也有10万+

“定个小目标，先赚一个亿。”

这句话杨紫记忆犹新，不过那时候只是调侃一下而已，如今自己是真实地面对这个问题。片子拍好了，到底打算赚多少呢？越多越好当然不现实，可如果目标太低，也会直接降低自己和团队的工作劲头，因为这样会失去向上的动力。杨紫原本打算向徐璐请教一下，后来却放弃了，因为她和徐璐处于不同的成长阶段，徐璐能做到的她无法做到。于是，杨紫就沉下心，先不发作品，而是多浏览平台上的热门作品，看了几天之后她忽然发现，只要创意够好，一个小段子也能有10万+的收入，她要锁定的不是用一个段子换多少钱，而是拍出能换多少钱的段子！

最近这几年，短视频是真的火了，不仅用户规模快速扩大，海量的短视频也挤爆各大平台，毫不夸张地讲，视频太多观众都不够用了。当然，这种表面上的繁荣也是一堆并不美丽的泡沫，可仍然有人乐此不疲地制造更多的泡沫。究其原因，不少人是抱着“以量取胜”的心态，做一条视频没火，那就做十条视频，十条再不火，堆上三十条，说不定哪一条走了好运就被平台推荐、被用户收藏了。

以上是比较幼稚的想法，但也不怪这些创作者，毕竟很多人迷信“体量”的作用，认为庞大产品群怎么也能堆出一个小IP。然而正是这种想法，不仅让平台充斥着大量低质量的作品，也带坏了行业风气。

不忘初心，这句话绝对不是鸡汤，你做了那么多的短视频就没有想过短视频的本质是什么？是以轻体量以小博大，这才能满足用户打发碎片时间的阅历需求，同时也能让一些有创作能力的草根群众获得表达想法的空间。与其堆砌大量没内容的视频，不如沉下心好好做一个精彩的小视频。尤其是对于没什么流量的新人来说，一条20秒之内的短视频是最容易创作的，也最容易传播，专注这20秒比粗制滥造2分钟重要得多，而且还能帮你节约不少制作成本。

打个比方，一个优雅的女子打开一扇门，面前就是一个恍如仙境的旅游景点，镜头摇到天空，配上美妙的音乐和有吸引力的标题，一个几十秒的视频就完成了，这才是新人应该追求的小目标。相反，一上来就策划大系列，甚至把每一条的梗概都想好了，结果第一条拍砸了，第二条点击量不够，第三条心虚了，整个系列就泡汤了。之所以会有这样的心态，是因为目标太大，压力也大，所以对挫败的承受力就很有限，反而更容易放弃。

我们前面提到了短视频要有可持续性，但这不是一个通用的硬性标准，也不适合单兵作战的短视频创作者，所以一开始发布的作品不要想着以后能不能出系列，先沉下心把这一条做好，只要有了关注度，日后再出系列作品完全来得及。而且一上来就做系列作品，万一第一条糊了怎么办？后面的还出不出？不出，这一条就彻底凉凉；出，就会增加沉没成本，灵活性完全输给了单体的作品。所以从制作者的角度看，“只此一条”的短视频，成本低、压力小、灵活性强，这才是最应该瞄准的目标。

那么，从用户的角度看，他们更喜欢系列作品还是单体作品呢？如果质量够好，当然系列作品更有优势，但这并不是用户喜好的标准，就像有的人喜欢看十几集就完结的电视剧，有的人却喜欢看电影，长度是建立在高质量的基础之上，又臭又长只会把人劝退。事实上，大家的碎片化时间就这么多，你能拍出一条好的作品，让用户高兴那么几十秒甚至几秒钟，就足够成功了，他们关心的是你以后会不会出新的作品，而不是这一条作品有没有下一集。

有一个现象值得注意，那就是现在观众的审美习惯发生了重要变化，最突出的就是喜欢看短的剧集，这是全世界的一种趋势。2018年爱奇艺做过一项数据统计：长剧的弃剧率急速攀升，在第一季度就达到了56%，而24集以下的短剧却有更多的人坚持追下去，最有说服力的数据就是最后一集的拉新率达到了20%，而45集以上的长剧，最后一集拉新率只有6%。

这些数据说明了什么？用户开始珍惜自己的时间了，虽然这是影视剧行业的数据，但这种心理在短视频领域也是有所体现的。既然如此，我们何必一上来就抱着做系列视频的心理呢？集中所有资源专攻一条不香吗？

办公室小野，曾经只是一名90后的普通员工，然而在抖音发布3条短视频，浏览量就超过了1 500万，10个月以后她就成为身价过亿的亚洲第一视频博主。相比之下，有的人急匆匆地发布了30条短视频，结果一条也火不起来，再徒劳无功地做下去也是毫无意义的。再看看代古拉K，2018年接触抖音，每次发布的视频不过15秒左右，打个长点的哈欠都能自动播完了，可就是这么短的内容，让她只有半个月的时间就把粉丝从0增加到了600万，成为商业价值巨大的抖音红人。

综上所述，无论是从视频数量还是时长上看，短小精悍就是不变的王道，因为“做得越多，错得越多”，它能规避创作者犯错的数量，还能迎合用户的观看习惯，所以就是如此微小的体量也能爆发出惊人的能量。

船小好调头，这绝对是短视频行业的至理名言。作为新人，别想着组建大团队，也别想着做大系列，先把你要发布的第一条视频做好，哪怕有点小瑕疵，但只要有一个能打动用户的点，这个不起眼的十几秒，就有可能改变你的一生。

短小精悍这四个字，如今已经深深铭刻在杨紫的心里，她把这个心得体会告诉了徐璐，徐璐使劲拍了拍她的肩膀来了一句“孺子可教”。杨紫总算有了些许成就感，她和她的小团队也奔着做好一条的心态开始了新的创作，不过在剪片子的时候，杨紫忽然犹豫起来：到底上传到哪个平台更合适呢？是不是哪个平台流量最大就抱住哪条大腿？关于这个问题，杨紫没有贸然给出答案，而是买了两罐啤酒和几袋零食找徐璐聚个小会，打算从她嘴里套出一些“内幕”来，没想到还真有了收获。

3 选平台：适合自己的才是最好的

杨紫记得知乎上曾经有一个热搜问题：为什么小小的沛县能够出刘邦、樊哙、周勃、曹参、王陵这么多名人呢？大家众说纷纭，有的还扯上了风水宝地这种说法，最后高赞答案浮出水面：这是平台的力量，以刘邦为核心的集团给了这些沛县老乡展示才华的机会，而在其他地方可能也有同样多的人才，但缺少这样的平台就泯然众人了。

其实，徐璐对杨紫揭开的所谓“内幕”也是如此。适合的平台能够成就一个短视频博主，而适不适合，绝不是只看流量，那样的话干脆只剩抖音一个就足够了。事实上，选了那些看似小的平台，对某些创作者来说会获得更多的机会，平台对创作者来说，不仅是“风水”，更是“土壤”。

如今，很多自媒体平台为了获取流量，完全不计成本地投入重金在短视频平台上，希望获得最大的市场份额，然而事实并没有预期那样美丽，很多人选错了平台，把钱砸在了不该花的地方，不仅成为行业的笑柄，还白白浪费了宝贵的时机。

其实犯错的不仅是自媒体，个人或者小团队的短视频创作者，也在面对一大堆短视频平台时，无法作出正确的选择，多如牛毛的短视频平台究竟有什么选择的窍门呢？是不是只有抖音和快手这两个巨头才有出头的可能呢？

正确的答案是，可供新人选择的短视频平台其实很多，前面我们已经分析过了抖音和快手，现在再来分析它们之外的其他短视频平台。

1. 美拍

美拍是美图秀秀旗下的一款十分有趣的短视频拍摄应用，最大的特点是能够将一整段的视频拍摄出MV特效，里面整合了美拍App自动配乐、智能剪辑以及顶级滤镜等多种功能，让你随时随地展示出盛世美颜。显然，美拍的主要用户群体是一二三线城市的年轻女性，所以做美食美妆类的短视频比较适合这个平台。

2. 火山

如今的火山已经和抖音是一家人了，所以官方的叫法是抖音火山版。但是为了作出产品的差异化，这两个平台的特点还是有些不同。火山的短视频时长更短一些，普遍在十几秒左右，这也是它起家时的主要特征之一，目的是快速记录生活中每个有趣的瞬间，展示拍摄者的创意才华以及所思所想。和美拍不同的是，火山注重的是整体的视觉特效，当然美颜功能也比较强大。出于对标快手的商业目的，火山的用户人群和快手比较重叠，而且它还有一个明显的优势，就是有着今日头条内部的流量输送，目前发展速度很快。

3. 秒拍

秒拍是新浪微博的官方短视频应用，最突出的优势就是内容分发渠道非常广泛，毕竟新浪微博是一个聚焦了年轻用户的庞大社交平台，所以这里也聚集了大量的内容创作者。和其他短视频平台相比，秒拍主要面向发布视频的人，也就是说媒体属性比较强，如果你是纯粹的自拍爱好者，就并不太适合这个平台，如果是有一定知名度的人，那可是相当于有了一款掌上新闻媒体。当然，这并不代表普通人不能玩秒拍，毕竟它背靠新浪微博这个超级庞大的流量池，而且这里聚集了不少一二线城市的用户，他们是消费的主力，而且女性用户偏多，很容易推广一些新产品，是粉丝经济生长的肥沃土地。

4. 梨视频

梨视频是目前世界范围内比较领先的专业新闻短视频平台，它的人员构成非常庞大，都是一些具备资深媒体背景的专业团队，另外还有一大堆分布在世界各个角落的拍客们，由他们打造的新闻素材库可是非常丰富的，常常能够在这里获得一手短视频资讯。因为存在这个属性，所以你的短视频内容如果具有新闻性，就非常适合发布在这个平台。梨视频如今覆盖了多个领域，为了鼓励拍客们提供更多优质的素材，建立了比较完善的立享收益，意味着博主在变现的道路上多了一分保障。

5. 西瓜

西瓜是一款专注视频在线播放的平台，整合了不少互联网流行的搞笑、体育、纪录片等视频素材，虽然从“出生基因”上看，不是标准的短视频平台，但是因为它背靠今日头条，所以流量非常惊人，一旦你产出了高质量的作品，很容易被打造成爆款。而且，相比于秒拍这些平台，西瓜的视频长度普遍在3分钟左右，能够满足那些想做长一点短视频的创作者的需求。当然，如果你对长视频也有特殊的兴趣，就地扎根走上另一条道路或者双线并行也是不错的战略选择。需要注意的是，西瓜对视频格式的要求基本是横版，习惯竖版构图的你就要适应一下了。另外，西瓜视频以中等收入的男性用户为主，女性用户大概只占20%左右。

6. 小咖秀

小咖秀是一款对嘴型的短视频App，特点非常鲜明，对于其他风格的短视频类型兼容性并不高，所以如果对这一类内容感兴趣可以去尝试一下，毕竟小众的东西更容易聚集铁杆粉丝。如果不喜欢这种搞怪风格的视频，那还是选择无视吧。

7. 微视

微视是腾讯旗下的短视频创作平台和分享社区，在这里，用户不仅能浏览各种短视频，还能分享自己的所见所闻，因为微视结合了微信和QQ这两个庞大的流量池，所以也具备着产出爆款的基因，毕竟这两大入口能够带来无法估量的变现机会。需要注意的是，快手也是腾讯投资的短视频平台，但这并不妨碍腾讯建立自家的短视频阵地，所以它走的是投资和孵化两条道路。

8. 好看

好看视频是百家号旗下的短视频平台，它的靠山是百度，从类型上看和西瓜视频很像，也是男性用户居多，主要分布在一二线城市。由于占据了搜索引擎的优势，所以变现的渠道也是比较广泛的。同西瓜视频一样，好看视频也是以横版为主，热衷于竖屏剧创作的博主要注意了。

9. 头条

头条小视频是今日头条的一个小视频平台，流量也是十分巨大，经常能够产出几十万乃至上百万的播放量。头条对视频格式的要求是以竖版为主，被横版构图逼疯了的创作者可以把这里当成天堂。

除了以上列举的几个平台之外，还有一些大大小小的视频平台，它们都有各自的固定人群和风格偏好。对新人来说，也不用去搜集大数据一个个分析，只要挨个浏览一遍，寻找自己喜欢的视频类型，发现哪个平台存量最多、相关的博主最红，哪个平台可能就是最适合你的。当然，并不建议全部平台都上传一遍，因为这种广泛撒网并没有实际效果，而且有些平台对专属作品还有比较苛刻的要求，重点主攻才是正确的打开方式。

在分析了各大平台的区别之后，杨紫把目光锁定在了抖音和微视两个平台上。选择抖音，并非盲目看中它的流量，而是杨紫以后想做知识科普类的视频，而这正是抖音擅长的视频类型，另外也是想依靠这个大流量池带给自己更多的机会。选择微视，是因为有腾讯的强大支持，新人在这里发展遇到的障碍会相对少一些，被扶持的概率会大一些。除此之外，杨紫也在时刻关注其他平台的动态，一旦认为哪个更适合自己会随时转移阵地。不过，这也让杨紫不得不面对一个新问题：不同平台的规矩也是不一样的，不把这些规则吃透，自己就得吃亏！

4 江湖门道：懂游戏规则才能进TOP10

曾经有一段时间，杨紫总能看到徐璐愁眉不展，起初她以为是拍摄短视频的时候遇到了资金问题，还犹豫了一会儿要不要借钱给她，可是后来一打听才知道，让徐璐郁闷的是视频没有通过审核，为此她和她的小团队连续修改了一个晚上才算解决这个问题。不过那时候杨紫对短视频还没什么兴趣，也就没在意。现在轮到她入坑了，这才意识到这是自己的短板。作为创作者不能只考虑视频好不好玩，首先应该考虑的是能不能通过审核，毕竟作品过不了审就相当于胎死腹中。为此，杨紫开始潜心研究有关短视频的那些“江湖门道”。

短视频火了，作品多了，问题也就跟着多了。有些视频中存在着低俗元素，有些视频里甚至出现了打法律擦边球的因素，这既有可能误导观众，也会给平台带来口碑上的影响，所以各大平台都推出了相应的对策，这个对策就是视频审核。

审核包含两个方面，一个是人工审核，另一个是智能审核。智能审核其实就是利用AI技术，通过设定好的算法去识别和过滤作品中存在的问题，从而减轻人工审核的压力，降低内容审核的成本，提高审核效率。人工审核，就是完全依靠人的主观意识判断作品是否踩了红线。相比之下，人工审核可能会更照顾到创作者的利益，而AI审核难免会存在一些死板的情况。

前面我们讲了制作短视频时需要注意的红线，也就是能拍什么不能拍什么，现在我们从审核制度出发，研究一下未来短视频行业发展的规律，吃透其中的游戏规则，让我们的作品顺利呈现在大众面前并获得更好的曝光率。

第一，内容驱动短视频是行业共识。

“内容为王”早就成为行业共识，如今各大平台的算法在很大程度上也是以内容的优劣作为核心判断准则的，当然这主要还是依靠人工审核，审核人员会通过视频内容决定是否通过以及是否给予推荐。换个说法就是：你做出了一个合格的视频，只是达到了“健康”这个指标，只有做出了一个内容好的视频，才是达到了“优质”的指标，才具备了被推荐的基础条件。所以，为了让内容过硬，就不要老想着“新瓶装旧酒”的方式去包装一个内容稀烂的视频，而是多参考当下流行的视频是什么类型，从中选择最适合自己的去做，不要贸然去拓新，这样会承担很高的试错成本。

第二，短视频平台看重算法和价值观的结合。

有些创作者经常浏览某个短视频平台，知道哪些类型深受平台和用户的喜欢，所以就投其所好，照搬甚至照抄出名的段子，为的是骗过AI审核，获得平台提供的流量。这种套路没什么问题，不过现在短视频平台都在构建属于自己的价值观体系，这就意味着平台不会过度依赖AI审核，因为那毕竟只是辅助的工具。而且关于价值观的判断，AI很多时候是无法识别的，打个比方，抖音推崇城市化的生活方式，你拍了一个游览城市的段子，但是在结尾的时候却暗示“城市套路深，赶快回农村”，这样的隐喻AI审核是难以识别的，但是人工审核会发现其中的问题，你就很难用这种办法蒙混过关。所以，要想让你的视频成为平台的宠儿，一定要和人家的主流价值观相贴合，起码要站在大致相同的方向上。

第三，避免发生“踢猫效应”。

“踢猫效应”是一个连锁反应，用在短视频平台上就是，如果你的一条视频没有通过审核，那么你这个账号在AI算法当中就等于踩在了黑名单的边上，后续只要再出现一次违规行为，比如简介里明目张胆地打广告、公开引流向外部平台等，账号都可能会被封禁，粉丝也可能在一夜之间清零，这是因为任何平台都讨厌“二五仔”，你想两只脚踩N条船，最后陪着你的只有和泰坦尼克号相同的结果。

第四，回归内容价值本身。

有的短视频创业者因为急于变现，想要拿到补贴或者分成，于是就冒险做一些违反平台规则或者价值观的内容，虽然可以在短时间内获利不少，可这种行为直接导致了内容价值降到最低，就算平台不对你进行处理，也绝对不会把流量给你，甚至可能通过AI算法把你判定为低价值的账号，一旦被特殊对待，这个账号以及绑定的身份很可能就永无出头之日了。所以，创作者可以不认同平台的主流价值观，也可以特立独行地输出自己的价值观，但这个观念本身必须是健康的。打个比方，你可以在抖音上宣传乡村生活的美好，甚至表达乡村比城市更适合养老的观点，但不能通过抹黑城市生活作为论据，因为这就是你的内容价值出了问题。

第五，短视频平台联手共治成为趋势。

虽然没有明显的证据证明，但是混迹在这个圈子里的人都知道，短视频平台的黑名单已经有共享的趋势了，也就是说你在A平台发布了低俗作品被封号，到了B平台再用同样的个人信息注册时，AI算法就会把你认出来，要么审核不通过，要么对你“特殊照顾”。所以不要侥幸地认为“此处不留爷自有留爷处”，在大数据的背景下，一定不要拿自己的信用当赌注。

游戏规则听起来有点高深，其实换个角度看，它和我们在日常社交中需要遵守的交际法则没什么不同。只要给自己设定底线，树立目标，不搞歪门邪道，玩转整个行业圈子也是没问题的。

懂规则比懂方法更重要。这句话是徐璐亲口告诉杨紫的。起初她认为这是一个过早进入社会的创业者总结的丛林法则，可是到她操刀短视频以后，才知道这句话的分量，而且杨紫对此还有更深的理解：仅仅是懂规则还是不够的，能够灵活利用规则才是最强的。当然，规则是人定的，如果能找到强有力的大佬做靠山，那规则也就变得不那么可怕了。

5 红人模式：搭上流量的顺风车

大佬，一个听起来很酷也很有诱惑力的名字。过去，杨紫不认为大佬会和自己有什么交集，可是自从入了短视频的坑以后，虽然投入成本不高，可是她想的是如何带领团队赚钱而不是省钱。毕竟作为新手，想让一个普通账号火起来是需要时间的，那么就没有更直接的办法了吗？为此，杨紫不止一次找到徐璐请教，徐璐说：“以前我不打算告诉你这方面的事，是因为你内容都没有做好，现在多少有了一些进步，我就告诉你这里面的门道吧。”

背靠大树好乘凉，这是一句听起来很庸俗但其实很实用的话。那么，怎样才能找到一棵遮风挡雨的大树呢?

在电视机为主要娱乐手段的时代，大家最讨厌的就是各种广告了，可是当你自己开始做视频的时候又会爱上广告。在互联网时代，网络营销分走了传统媒体的广告份额，但是随着传统电商模式的衰落，短视频成为聚焦人们眼球的新生事物，也就理所当然地聚焦了一批大佬的视线。

2017年，在抖音上出现了雪佛兰、哈尔滨啤酒的广告，表面上看起来和其他视频的内容差不多，都是15秒的竖屏短视频，但是业内的一些人却意识到，这代表着一个新时代的到来——短视频广告。

同样在2017年，OPPO推出了一个名叫《周杰伦的2000W个故事》的视频，在腾讯视频的播放量超过了 521万，从表面上看是一对恋人从年轻相识到相伴到老的回忆，但很快周董就掏出了OPPO手机，让大家意识到这是一个广告。几乎从这一年开始，各类短视频广告开始进入人们的视野，成为一众品牌主最为青睐的营销形式，从 999 感冒灵的《总有人偷偷爱着你》，再到招商银行的《番茄炒蛋》，风格各异且玩法多样。时至今日，短视频广告仍然有着很强的生命力，不过和传统的视频广告相比，短视频广告大多是以温暖和动人的视角切入，不像硬广那样简单粗暴。

为什么会有这种差异性呢？一方面是消费者对硬广已经厌倦了，另一方面也是最重要的，那就是品牌主们认为，短视频是和用户心灵最近的一种表达方式，讲一个温暖的故事才是正确的打开方式。

有需求就有服务，现在很多短视频平台如抖音、快手、美拍等，都在短视频内容营销上发力，不少短视频团队或者短视频公司甚至已经推出了全案营销服务，也就是从头到脚帮品牌主量身定做适合的短视频广告。据粗略统计，一条短视频广告的投入为150万到300万左右，这比传统贴片和广告植入要更赚钱，而且对那些本来就擅长讲故事的人来说，用这种方式更能把短视频的表达优势发挥到极致。

说到这里，可能有人会问，短视频广告和我有什么关系吗？当然有，现在的短视频广告主要分为内容模式和红人模式两种。内容模式主要依靠短视频的故事质量，也就是说即便你没有名气，但是有强大的创意能力，一样可以受到品牌商的关注。红人模式就是各个领域的意见领袖，自带一大堆粉丝，故事创意可能一般，但是投放效果会非常强。

那么问题来了，我们是走内容模式还是红人模式呢？其实，这并不是一个选择性的问题，而是一个阶段性的问题。

当你还是一个新手时，肯定不能走红人模式，只能依靠强大的故事创意能力，不断从各类优秀的短视频中汲取营养，锻炼自己的创作思维，不求数量只求质量地产出一些出色的作品，时间一长就会有人关注，粉丝慢慢积累起来以后，也就可以走红人模式了。

当然，红人模式也不是万能的，它要和品牌有一定的匹配度。比如你是一个技术宅，拥有的都是一些男粉丝，那么做面膜的短视频广告就不适合。但如果你能用技术宅的聪明大脑产出一个精彩的创意，那仍然具有很强的广告价值。所以从这个角度看，内容营销是万能的，适用于任何阶段，适用于所有产品，而红人模式可以吃老底儿，但是适用范围有限。

另外需要注意的是，做什么模式的短视频广告和你所处的平台有一定联系。比如在美拍上面，红人模式的广告就非常多，因为这里的用户群体构成单一，多是年轻女性用户，所以美妆服饰类广告就很容易被精准投放，这时候创意反而是其次的，因为用户的刚性需求摆在那里，只要有一定的新鲜感和小亮点就足够了，毕竟消费者的钱包已经对着你打开了一半。但是在快手这样的人群结构比较均衡的平台上，内容营销就比较重要，你总要拿出一点别人没有的东西吸引用户的注意力，如果单纯靠个人的粉丝数量，还是会面临产品匹配度的问题。

短视频广告发展到今天也存在着一些问题，最明显的就是转化率难测，因为短视频与直播不同，一场直播下来订单多少就能看出营销效果，而短视频广告类似电视广告，谁知道购买产品的人是不是真的看了这些广告。不过，品牌主仍然倾向于投放短视频广告，毕竟和其他传统的营销方式相比，观看短视频的用户数量摆在这里，或多或少总是有作用的，所以我们完全可以趁着这股热潮尚未消退的时期冲一下，用自己的创意去换品牌主手里的真金白银。

虽然没有正式拜哪个山头，但是经过徐璐的一番介绍，杨紫也了解一些关于广告投放的知识和资讯，她也有意想走这条路，毕竟变现是进入短视频领域的最终目的。当然从这一刻开始，杨紫也越来越看重在不同平台的“养号攻略”。不过养了一段时间以后，她发现上传的视频点击量增加了，粉丝却没怎么增加，她这才意识到，自己光想着孵化账号却忽视了孵化用户了。

6 用户养成：“农村包围城市”是大方向

给用户画像这堂课，杨紫在徐璐那里已经上过了，但当时她只是作为一般性的了解，现在情况不同了，她已经拍出了一些片子，可是点击量和点赞评论等数据并不怎么好看，这让她十分恼火。为此，杨紫特意浏览了一下平台的其他视频，忽然发现反映农村生活的短视频也不在少数，这让她有些纳闷了：这么多短视频平台的用户都是聚集在一二线城市，怎么农村题材还是这么受关注呢？带着这个问题，杨紫找到了徐璐，徐璐叹了口气说：“你拍城市的短视频没问题，但你的视频内容过于城市化了，这才是最大的失败！”

最近几年，在中国推动乡村振兴战略的大背景下，很多“三农创作者”涌入这块阵地，带来了一股新鲜的血液，而他们发布的作品自然也是以农村生活为主的。别小看这个政策背景，它带来的不仅是创作者阵营的变化，更会影响到平台的相关政策。以直播电商为例，近几年农产品带货的直播就非常之多，单从消费的角度看，城市用户关注农产品是顺理成章的，所以你的视频只盯着一二线城市，未必就能真的抓住生活在这里的用户。

消费如此，单纯的娱乐其实也是如此。

抖音上有一个叫“罗姑婆”的账号，博主是一个来自四川成都的农民阿姨，如今已经年过六旬，她经常做的事情就是打麻将、唱rap以及讲解爱情道理。别看人家只是一个老年网红，但是粉丝数量达到了将近700万，她说过的一些话也被网友们当成名言在网上流传，比如“破车才需要备胎，放手就放手，不做爱情的走狗”“无论你遇到谁，都是你生命中该遇到的人”。网友甚至把罗姑婆称为“最强50后情感博主”。

事实上，还有很多像罗姑婆这样的农村老年网红在短视频平台上疯狂吸粉，抛开反差萌这些固有因素，它还能折射出一个真相，那就是农村短视频博主并不存在和城市用户天然隔离的情况，所谓的下沉市场不仅是用户下沉了，就连短视频的博主也在下沉。

虽然我们在之前的平台分析上曾给出一个相对有特点的用户群体刻画，但那只是为了从整体上去描述，让新手有一个初步的认识。然而事实上用户的构成是动态的，各大短视频平台现在都是趋向于多元化。为什么要多元化？这里涉及一个有点残酷的现实，那就是用户的饱和和内容的重叠。

显然，大多数短视频平台一开始瞄准的都是城市中的年轻用户。这个很好理解，年轻人接受新鲜事物强，是手机的重度用户群体，培养这些生活在大城市里的人可以打出“消费主义”的大旗。但是短视频毕竟经过了几年的发展和沉淀，首先被瞄准的这批用户已经被拉得差不多了，而在这期间产生的内容也是为这一群人服务的，那么随着市场的下沉和内容多元化的要求，农村用户和农村题材自然成为下阶段的新要求。

抖音上有不少生活在农村的短视频博主，他们每天都会拍摄一些有关农村生活的视频内容，不仅吸引着农村用户，更深深抓住了城市用户，因为所谓的城市风光其实已经有些泛滥的趋势了，除非你有比较好的创意，不然很难吸引用户的注意力，但是农村生活就有着独特的吸引力，你甚至不需要精致地策划什么，只要真实地呈现出农村生活的本来样貌，就能抓住一些用户的心。比如抖音上有一个叫“楚过寒”的用户，就是天天拍摄山里粗茶淡饭的生活，穿着朴实，画面朴实，每天不过是摘摘果子喝喝茶水，却有了一百多万的粉丝，而且还吸引了不少用户去他开的民宿里游玩，人们不会因为他的中分头发型嫌弃他“老土”，反而找到了一种独特的乡村气息。

农村包围城市，不是让你在农村寻找用户，而是把城市用户培养成“农村向”的用户，这是一种反向操作，比你绞尽脑汁挖掘城市素材去吸引城市用户更好。当然城市题材并不落伍，我们只是在给自己寻找更多的可能。

除去单纯的娱乐和消费之外，用户对农村题材的科普知识也有热度攀升的现象。2019年，在抖音推出了“DOU 知计划”以后，通过广泛参与和大力扶持的办法，让平台内的科普类短视频累计播放量超过3 500亿次，其中农业类科普节目差不多占据一半，比如种植和养殖技术，很多人即使不会参与这一行，也会带着好奇心去观看，甚至学习一点偶尔能用上的手工艺。

可能有人会问，我从小生活在城市，怎么拍这一类的视频呢？难道冒充农民吗？大可不必，你就做一个去农村体验生活的城市人，到处都是惊喜，到处都是一脸问号，这比直接生活在农村更有感染力。如果你有农村的亲戚或者相关的资源，再联系搞一点农产品，就具备了变现的可能，这样的计划实施起来并不难。

说到底，“农村包围城市”，是一种短视频布局的战略选择，它能够让我们规避开某些题材扎堆的领域，借助一些身份优势、资源优势或者信息优势，打造出让人耳目一新的内容，快速地抓取用户。毕竟，如今的用户注意力实在太稀缺了，再用燕莎、星巴克作为短视频的呈现背景，那才是真的“土味”了。

研究了农村题材的优势，杨紫有一种豁然开朗的感觉。回想自己拍完的这几条视频，虽然画面清新，可内容还是有些老套，无非是发生在城市里的一些有趣的事情。如果把场景巧妙地移植到乡下，说不定会产生更有戏剧性的看点。思前想后，杨紫决定抽空去乡下的表舅家找找灵感，说不定就能挖到一些有意思的拍摄素材。当杨紫把这个计划告诉给徐璐的时候，徐璐笑着说："你光想着农村，数据调查做了吗？"杨紫一听就迷糊了。

7 加分题：学学"数据监控"和"评估"

一听到"数据监控"四个字，杨紫的头都大了。她为了做短视频确实查了不少相关数据，但是还没想过怎么系统地利用这些数据，因为她觉得根本不用这么专业。但是，徐璐的一番话让她茅塞顿开："专业的数据监控和分析，能够让你更科学地了解自己的作品是否受欢迎，也能让你了解你在吸引着哪些用户。"说到这里，杨紫似乎明白了一点，徐璐又告诉她："当然，你可以只是通过数据监控获得一点参考，也没必要当成常态化的工作内容，但是只要你做了，就是一道加分题。"

大数据带给人们最大便捷就是把看似不相干的零散数据整合在一起，从而得出一个带有结论性的高价值数据。打个比方，关于某人的大数据信息是“在某旅游景点订购蜜月套餐”“经常浏览母婴类网站”以及“购买孕期知识类书籍3本”，这些信息经过整合之后就能得出该用户可能刚刚奉子成婚，即将成为人父人母，那么针对性的营销就是母婴类产品和月嫂雇佣服务等。

短视频也是如此，粉丝数量的变化，播放量的变化，平台的推荐倾向，这些都能反映一个账号的运营状态，那么针对这些数据就要作出相应的决策。比如是否要转变视频类型，是否换一个更适合自己的平台等。除此之外，还有很多可以深入挖掘的信息。那么这些信息通过人工采集基本上是难以完成的，也过于耗费精力，所以借助一些数据监控平台是最佳选择。

数据分析类的平台软件很多，比较常见的有飞瓜数据、66榜、抖大大等。大部分是收费的，当然也有免费版本，只不过少了一些功能而已。其实对很多普通用户来说，免费版本已经足够，当然你想获取更全面的信息还是要花点钱。这些分析软件都能安装到手机上，可以随时查看。其中比较出名的是抖大大，它在短视频内容的运营上做得很好，而且有针对抖音的专业分析，而飞瓜数据在PC端的后台功能方面做得很好。至于66榜，它的功能非常齐全，界面直观清晰，新人用起来很容易上手。下面，我们就来看看数据监测主要包含了哪些内容。

第一，账号监测。

通过绑定自己的短视频账号，能够每天查看新增的粉丝数量、播放量、点赞量等，这是基础的数据采集，此外还能查看粉丝的属性，判断他们分布在哪些地域，年龄区间是多少，这些就能帮你更好地锁定目标用户。除了监测自己的账号外，还能监测目标账号，也就是你想成为的、模仿的那个账号，从他们的数据变化中寻找其运营的优势。

第二，排行榜。

虽然短视频平台内部有排行榜，但是比较简略。借助数据监测平台，能够一目了然地了解各大平台的热门视频、热门话题、热门广告乃至热门商品都有哪些，从而让你快速地找出各个领域中的最新爆款。如果你想走先模仿再超越的路线，这些数据就是非常有价值的。

第三，MCN榜单。

先来解释一下MCN的概念。MCN是一种多渠道的网络服务，随着以YouTube为代表的此类平台的爆发式增长，人们越来越重视多渠道网络的内容整合，目的是打造有组织有规模的竞争优势，简言之就是一种新兴的网红经济运作模式。比如一个网红火了，与之相关的所有资源都会纳入MCN的分析范围内，包括自身团队、粉丝聚集群落、推广所需要的社交平台等，是一套综合分析的体系。那么，MCN榜单就不仅具有专业性，还覆盖了多个领域，不会遗漏掉任何重要的信息。

像抖音这样的短视频平台也有MCN榜单，但是通常只摘录出排名靠前的一部分，对新人来说参考价值反而不大，因为他们可能找不到和自己同类型的内容是否受到市场关注。所以，借助像66榜这样的数据监测平台，能够一目了然地看清所有MCN机构的排名，方便进行日后的合作。

第四，广告素材。

说一千道一万，短视频是为了变现，所以多了解和广告行业有关的信息是必要的。在很多数据监测平台都有和广告相关信息要素，比如视频素材、文案素材、落地页设计等，这些都能提供给新人创作的灵感和运营的参考，还能从中学习到如何与广告主打交道，让自己的账号风格更具有变现优势。

说得直白点，单靠手机去了解短视频，只能看到一小块世界，只有站在平台的角度，才能拥有更广阔的视野。所以，数据分析工具要有，数据分析的工作必须要干到底。有人觉得，我能了解到官方的数据就足够了，毕竟这个分析是最靠谱的。这样当然也行，只是有时候官方不会把一些负面性的数据拿出来，你能看到的只是正向的，这或许能引导你走向正确，但很难让你规避致命的错误。

其实，数据监测也没有听起来那么复杂，如果你精力有限，那么只抓住几个重要的数据分析就可以了。一般来说，和短视频最为密切的数据有两个，一个是点赞率，另一个就是完看率（完整看完一段视频），这是决定什么视频能否成为热门的关键。那么，你借助数据分析工具，着重分析这两个要素构成，就能更好地理解为什么看起来一样的视频，有的成为榜一，有的却默默无闻，很可能是输在了开头上，让用户没有观看到底的欲望，或者触碰了某个敏感区域，让用户连点赞都不想给你。这些分析结果都能帮助你更好地判断用户的喜好，确定所运营的账号是否在风格定位上出了问题。

数据分析工具有很多，但重要的不是工具，而是使用工具的人。我们需要借助大数据分析有价值的信息，但也不能被大数据所绑架，要始终有独立自主的认识，这样才能更理性地认识自己，认识对手，认识用户，认识市场。

在大致了解了数据监测是怎么回事以后，杨紫终于明白为什么徐璐有段时间天天盯着电脑手机画表格，原来从那个时候开始她就重视数据的价值了。的确，单靠个人经验去分析用户和市场是片面的，虽然对新人来说，他们的视频可能没什么关注度，但借助分析工具了解爆款视频是如何打造的，也能一步步引导自己走向正确的道路。但是，杨紫也有点心虚，万一不小心玩砸了怎么办？投入的那点成本倒无所谓，可团队的士气怎么拉回来呢？就在她迷茫的时候，徐璐的一句话点醒了她：“一定要有B计划！”

8 B计划：物色新入口拼大后期

在徐璐提到“B计划”之前，杨紫早就有了担忧：短视频已经进入下半场，有才能有资源的人都盯着这块肥肉，就连徐璐都不是第一批的进入者，自己如何能在这块阵地中站稳脚跟呢？正是有了这样的想法，杨紫才极其认同徐璐的观点：必须给自己留后路。当然，所谓的留后路不是说做短视频之外再开发一个新项目，而是在进入热门平台之外，多关注一下“潜力股”，也就是目前数据上看起来不怎么好但有发展前景的平台。思想前后，杨紫把目光放在了一个全新的短视频平台上。

曾经网上流传着一句话：“如果你在2012年错过了公众号，在2018年错过了抖音，那么在2020年，你不能再错过视频号了。”

听起来，这很像是视频号自卖自夸的软广，但从基本逻辑上看没什么问题，也的确充满了煽动性和诱惑力，特别是对于大多数新入场的短视频创作者来说，他们知道抖音快手上有不少人靠着百万千万级的粉丝赚了大钱，但是也知道每天都有一大批涌入者去瓜分原本就所剩无几的市场了。毕竟，用户的总量已经趋近饱和，消费能力就那么多，还有直播带货这个更为强大的吞金者，最后能落到自己手上的肉很可能都不够塞牙缝的。

短视频行业的现状是如此，那么谁有可能成为下一个大热门呢？真的就是视频号吗？在这里我们无法妄下断言，只能理性地分析它是否具备这种可能，毕竟市场的变化不单纯是桌面实力的堆砌，还有很多不可控的因素。

我们知道腾讯是喜欢做大而全业务的，依托即时通信起家，涉足娱乐、游戏、在线视频、电商、移动支付等多方面业务，形成了庞大的业务体系。不过，腾讯的大而全总是存在一些短板，比如B2C电商没有做起来，最后反而入股了昔日的对头京东，再比如近几年火爆的直播和短视频，抛开投资的不算，纯自家的产品并没有能和热门平台一决高下的实力。

聚集在短视频这个话题上，腾讯可以说是走过了一条有血有泪的奋斗之路，它推出了猫饼、腾讯时光以及微视等多个平台押宝，结果最后混得并不理想，虽然快手也有腾讯的股份，但那毕竟不能叫嫡系部队，也不符合腾讯的市场预期，所以，如何培养出一个能够和抖音平起平坐的视频平台，这是其梦寐以求的目标。

2020年1月22日，视频号诞生了。从这天开始，视频号作为依附于微信的存在开始面向用户内测。得益于微信的市场占有率和日活数据，视频号仅在内测阶段的数据就十分抢眼，这个举动不仅让短视频用户眼前一亮，更是让长期混迹于抖音快手的创作者们发现了一条新的商业变现途径，脑子快胆子大的人马上就进行了尝试。

视频号和很多短视频平台不同，它依靠的是微信自带的私密社交关系，但又没有局限在这个关系里，相当于把客厅的墙全部砸掉，把大门拆掉，让私密的住宅变成人来人往的小广场。值得一提的是，视频号的推送机制是“社交推荐+算法推荐”，就是说官方会把朋友在看的内容推荐给用户，同时也能用算法判断用户感兴趣的内容，既给了用户深度了解认识人的机会，也给了用户结识陌生人的可能。而且视频号的底部留言是面向所有用户的，你可以看到非好友的用户都说了些什么，互相之间可以进行交流。

单从这一点看，视频号的优势就非常大。通过视频号，你能知道自己暗恋的男神女神喜欢哪一类的视频，就算为了获得人家的好感，你创作出一条对口味的视频，说不定就打动了对方。你可以通过调查取样来判断自己认识的人大致喜欢哪一类的视频，如果这个人群基数庞大，未来又有很高的变现率，那就可以瞄准这个方向发力。

说得再具体一点，视频号最突出的特征，就是能对用户进行反向了解。

什么是反向了解？打个比方，你有一个熟悉得不能再熟悉的发小，你通过视频号了解到对方喜欢的视频类型，就能判断出为什么这类视频能吸引到对方。如果是正向了解，是先知道了有这个视频，再知道有这样一群人，可你不了解这群人的心理特征，只能通过视频本身去揣摩，这样的分析就会出现误差，也不容易获得粉丝，但是视频号就能弥补这种缺陷。

知道用户想什么、喜欢什么，是所有行业的共同课题，尤其是进入下半场的短视频，这就等于抓住了需求，然后去创造供应，成功率自然会显著提升。除了了解用户需求之外，还有一个强大的助推力就是，可以借助社交资源推广你的短视频，增加新的宣传渠道。

两个微信上认识的人，可能会互相告知“我在某平台发布短视频”，也可以通过微信内部的小程序去引流，但这毕竟不是无缝的，而且有些人很可能连个App都没有，或者使用率极低，所以依靠这种模式进行的熟人宣传效率不高。但是视频号不一样，你直接就可以点进去看，简单快捷。当你有了内容产出之后，很容易就能推荐给微信好友，对方会流畅地打开，触达率大大增加。

让你更深入地了解用户，更高效地进行推广，仅凭这两大优势，就足以让你选择视频号作为短视频市场的新入口了。

虽然视频号目前仍存在着一些缺陷，甚至严格意义上还不是完全成熟的产品，但是从它的商业逻辑和商业模式上看，无论是对用户还是创作者都是非常有利的。更重要的是，它给了那些长期混迹于抖音快手却没什么建树的人新的希望，尽管目前尚不具备竞争力，但未来的发展方向还是光明的，而这一点点光亮，说不定就能进化出一个新的庞然大物。

从这一天开始，“B计划”这个词还真的在杨紫心里久久挥之不去，虽然表面上看是一种对现实的妥协，但从经营的角度看，找到新的入口让杨紫心里更有底了，她也因此调整了自己的“商业计划”。与此同时，杨紫上传的视频也在平台上慢慢吸引着用户的关注，虽然有增长，可这速度还是无法让杨紫满意，她记得徐璐有个短视频一周内就有上百万点击量，可轮到她为什么就如此惨淡呢？

第六章
CHAPTER SIX

点击率低怎么办？
手把手教你避开雷区

一朝入坑深似海，自从玩上短视频以后发量急剧减少，内容策划、拍摄剪辑都挺好，怎么点击率就上不去呢？别以为你是无辜的雪花，其实你早就踩响了一大片雷！

1 包装学：天蓬元帅就比猪八戒的皮肤贵

世界上总有些“未解之谜”，而对杨紫来说，最大的“未解之谜”就是：明明内容差不多的两条视频，为什么点击率就能相差几万几十万甚至几百万呢？要是在过去，杨紫肯定会把原因归结为运气，可如今学习了这么多有关短视频的知识，杨紫觉得这其中一定有必然因素。为了寻找答案，她特意在平台上搜索和自己内容相近数据却十分“美丽”的视频，一条一条地看下去，终于发现了问题的所在——穿得太土！

如果把视频内容看成是一个人，那么视频的包装就是这个人的衣服。人不仅要穿衣服，还要穿好看得体的衣服，这就是视频包装的意义所在。在传统媒体时代，包装特指的就是视频剪辑，它通过蒙太奇的方法把原本很平常的素材剪接成吸引人眼球的艺术作品。对于短视频来说，从形式上确实没有传统媒体那样严格，但这并不代表着“裸奔”就是合理的。相反，很多视频的制作者非常看重包装，人家做了，你没有做，这就拉开了差距。

第一，标识。

短视频的标识通常包括了视频名称和主体图形，标识是内容品牌化的一部分，一个精心设计的短视频标识能够给受众留下深刻的印象。首先我们来看短视频的名字。要知道起名字可是一个大学问，只有让名字和内容紧密结合才有传播性，比如“罐头视频”，英文名字是“Can Video”，而“can”包含无所不能的意思，这就直接赋予受众无限的想象。除此之外，主体图形也是讲究美学设计理念的，比如新媒体公司“橘子娱乐”的标识，就是一个拟人化的橘子，有点玩世不恭的意思，生动活泼，看了之后会让人眼前一亮，产生正向的感染力。

图6-1　橘子娱乐标识

第二，片头。

片头就是我们俗称的“OP”，一个好的片头就是好内容的开始，所以选定什么风格的片头要和你的视频内容相关，最简单直接的办法就是制造悬念和话题，让人只看了一眼开头封面就忍不住想要点开直至播完，比如一个探讨情感的短视频可以在开头列出一个引人入胜的标题——“我被好姐妹上了一课”和对应的画面，就能引起用户的关注度。

图6-2　片头案例

在你选定好一个适合内容的片头之后，一定要注意控制时间，通常短视频的片头应控制在5秒之内，当然如果全部内容才十几秒，这个时间可以继续压缩甚至可以忽略。但是几分钟的视频还是加上片头为好，这样才有内容的识别性。

第三，片尾。

不要认为片尾不重要，好的片尾能够刺激播完率。它的最基本要求就是短小，不要抢内容的风头，也要在观众的接受范围之内。比如整个内容的风格是蠢萌可爱的，忽然在片尾来了一个字正腔圆的结束语，不否认有人利用这种“反差萌”取得很好的效果，但是玩脱的人也不在少数，作为新手不建议尝试，最好是让片尾承接片头的风格。

当然，为了提高变现效率，片尾也可以加入很多商业化的元素。比如在片尾发布抽奖信息，在播出时温馨提醒观众，这样大家就会耐心地看完，或者在片头进行抽奖、片尾公布结果，也能大幅度提升播完率。

第四，粉丝偏好。

正所谓众口难调，不同平台的观众的口味也是不同的。有的平台男性用户较多，他们喜欢炫酷的风格，特别是有关数码产品、汽车之类的短视频，所以片头片尾就要迎合这种偏好。同样，女性用户可能喜欢唯美清新的视频风格，包装的时候自然要满足用户的这个需求。要想充分了解粉丝的偏好，就要多深入考察每个平台的特点，尤其是关注头部账号、热门视频，它们往往就代表着该平台的风格喜好，这是对用户的妥协，也是包装的本地化需求。

除了上述四个元素之外，无论在哪个平台发布视频，我们都要做到包装的统一性，不能今天用“萌萌哒”的画风，明天又用“傲娇范儿”的画风，风格的连贯才能保证品牌的唯一，才能让粉丝对你产生深刻的认识，这涉及色调、视觉符号、背景音乐等多个元素。不用非得跟风爆款视频，适合自己的才是最好的。

说一千道一万，短视频最本质的东西是什么？内容！包装只是对内容的辅助，是帮助内容宣传它有多么好看，所以不能为了包装而包装，甚至把精力和资源倾斜到包装上，这样就本末倒置了。再高大上的包装也不过是忽悠一波观众进来，当大家发现你是金玉其外败絮其中的时候，只会对这个账号产生深深的鄙视。

酒好也怕巷子深，在了解了短视频包装的技巧之后，杨紫意识到，自己的作品之所以点击率不理想，是因为她太过傲慢和业余。傲慢，是高估了所谓内容的吸引力而忽视了必要的商业化元素；业余，是完全忽视了包装也是短视频制作的一部分。现在，刷新了认识的她也开始尝试给那些不火的短视频设计“服装”，别说，改头换面以后点击率还真的上去了。但是，杨紫还是觉得缺了点什么，直到有一天徐璐看了她上传作品的时间，忽然瞪大了眼睛看着她：“你愿意辅导员在周末早上给你发信息吗？”

② 发布时间：卡好点月收入翻三倍

如果不是徐璐提醒，杨紫恐怕会一直忽略一个问题：她发布所有作品的时间，完全是没有规律的。有时候是在剪辑过后，有时候是趁着闲暇时间。在杨紫的大脑里就没有“发布时间”这个概念，因为她的注意力都放在了内容和包装上。当徐璐了解情况后，竟然狠狠拍了杨紫的脑袋一下：“看个电视剧你都知道有黄金时间，看短视频就是24小时无差别的吗？”杨紫顿时心虚了，大气都不敢喘一下，徐璐叹了口气，把一张写着“发布时间表”的打印纸甩在她面前。

在营销界，“黄金时间”是一个重要概念。商家所说的“金九银十”是黄金时间，一天中广播影视节目视听率最高的一段时间也是黄金时间。不过在互联网时代，因为用户注意力分散，大段的黄金时间变得非常稀少了，剩下是碎片化的黄金时间。从用户的角度看，黄金时间代表着他们接收信息的开放性和辐射面；从商家的角度看，黄金时间意味着变现率。

如果你发布短视频有一段时间了，可能会有这样的感受：同一类型的视频内容，哪怕两个账号的粉丝数量差不多，互动数据却有明显的差别。为什么会出现这种情况呢？显然发布时间的差异起到了一定作用。

不要以为你精心拍摄好了作品，又用匠人之心剪辑了视频就万事大吉了，发布时间同样重要。先给出一个结论：在工作日，通常视频发布的高峰时段都是在11点到12点之间以及17点到19点之间，尤其是傍晚这个时段用户更加活跃。另外，发布时间和所属平台没有直接关系。

为什么会出现这样的规律性时间呢？这是因为这个时间段人们的工作量会减少，中午这个相对空闲的时段次之。值得注意的是，粉丝超过100万的大号，傍晚发布作品的概率会很高，互动数据也更好看。

以上是针对每一天的发布时间总结的规律，如果从每个星期发布的时间看，还有一些规律需要了解。

通常来说，人们在星期三、星期五和星期六发布的视频更容易获得点赞和评论，特别是星期三发布的视频互动数据最高。所以即便你是小白，选择在星期三发布作品也是很有必要的，因为这个时间段用户最活跃，他们不仅会关注热门的大账号，对于一些有趣的小账号也会看上两眼，而这就是你慢慢积攒粉丝的开始。不过，这个结论也不是无懈可击的，如果黄金时段的大号过于活跃，作品的精彩程度让人“嗨爆”了，那么新人选择在这个时间点显然是被挤压的，反而不如错开时间段发布作品。所以，最合理最稳妥的安排就是，不必每个作品都要赶在星期三、傍晚时段发布，可以偶尔有几个作品在冷门时段发布，这样既能赶上用户注意力集中的高热阶段，还能避开大咖们发布作品的强势阶段，算是一种调和策略。毕竟，黄金时间不能决定一切，它只不过是提高概率而已。

除了工作日之外，周末的黄金发布时间也有一定的规律，主要集中在11:00到13:00、15:00到17:00以及20:00到23:00（仅限于星期五和星期六）这三个时段。不过，如果赶上“五一”或者“十一”这种法定假期，用户的碎片化时间变少，大块的闲置时间增多，其实就没有什么规律可言了，因为有的人会出去旅行，有的人会忙于聚餐，也有人会继续宅在家里，个人状态差距较大，这种情况发布作品只能随缘了。

发布时间的不同并不只代表着互动数据的好坏，而是能够决定一条视频能否成为爆款，也就是说越是在用户活跃时段发布的作品越容易火。比较常见的情况是，同样一个红人，在不同时段发布作品，粉丝的反应也是有差别的。

可能有的人会问，我做短视频是利用业余时间，还有其他工作要做，虽然上传视频不需要太多时间，但总要及时和粉丝互动吧？其实这个问题不必过虑，短视频和直播不一样，直播必须实时和粉丝交流，短视频存在延时是没问题的，我们所说的发布黄金时间是争夺用户的注意力，只要用户看到了你的作品就可以了，至于和用户的交流，尽量不要拖延太久就好。总之，发布作品的时间要和自身的作息情况相结合，要用合理的时间管理去统筹安排，千万不能把精力全部放在前期制作上而忽视了发布和互动，这样很可能前功尽弃。

无知，真的是杀死成功的第一大元凶。经过徐璐的讲解，杨紫这才意识到自己错过了那么多宝贵的发布时间，更错过了可能成为自己粉丝的万千用户，这就是忽视细节带来的后果。还好，这个错误发现得足够及时，她也给自己的小团队群发了视频发布时间的参考资料，让大家都能树立这个意识。不过，视频的打开率还是让杨紫不够满意，她特意发给一位朋友看，那位朋友看了一会儿说：“内容挺好，就是没什么吸引力。”杨紫又被打击了。

3 提高打开率：让用户好奇点进来，笑着观看完

拍摄视频的时候，杨紫和团队考虑的是如何把画面拍得精致一点，如何把内容做得正能量一点，在后期剪辑的时候，她又参考了很多成功的视频剪辑方法，可以说能想到的全都想到了。但是现在回头一看，自己做的这一切似乎并没有给内容增添强大的“魔法”——吸引力，这个“吸引力”说起来容易，做起来可就难了。为此，她专门向徐璐请教了一下，徐璐正在喝可乐，一看到杨紫发过来的视频竟然笑喷了：“什么烂标题？！”

一个视频给用户的第一印象非常重要，这个印象不是片头，而是标题。你的片头做得再精彩炫酷，如果用户没有点进来也是看不到的，而让用户“点进来”的最大功臣就是标题。

如今是一个注意力稀缺的时代，谁成功吸引了用户的注意力，谁就成功了一半。所以，如何让用户点开自己拍摄制作的视频，一个有吸引力的标题是制胜关键。那么，怎么样才能拟定一个勾起用户好奇心的标题呢？

第一，字数不要太少。

在传统媒体时代，一个简明扼要的标题非常受欢迎，但是在互联网时代就不同了，字数达到一定数量后，会自动拆分开几个关键词，关键词越多，能够推荐给的用户人群就越多，而一个看似精炼短小的标题，信息量非常有限，能够吸引到的人也就有限。打个比方，你拍了一个有关街头热舞的短视频，如果标题用“这段街舞让人炸裂”就没有什么吸引力，而如果用一个稍长点的标题——“死肥宅们！你们的宝藏女孩在街头表演简直太飒了！”在这个标题里，有“死肥宅”“宝藏女孩”“街头”三个关键词，这些词通常是搜索引擎里的热门词汇，平台的系统算法能够对它们进行归类，宅男们可以搜到，女性用户也能搜到，而喜欢观看街头趣闻的人还能搜到，这就大大提升了曝光度。当然，这并不代表标题越长越好，而是长得有道理，不能是无效信息的堆砌。

第二，结构要合理。

标题的结构通常包含四个要素：主体、地点、事件以及结果。主体通常是人，也可以是动物，还可以是一群人，在描述主体的时候，一定要把其最突出的特征或者最有趣的代名词交代出来，比如“小仙女”“暴躁老司机”“那谁家的萌娃”等，最好带入网感，不要书面化，更不要文绉绉的，这些都不适合网络搜索和传播。地点，就是要交代出是在“大街上”还是“家里”，可以平铺直叙也可以稍加修饰，比如“土豪别墅”“荒郊野外”等。事件，就是主体都干了什么，这里可以适当采用标题党常用的话术策略，比如“竟然在做这种事”“请大家举报这个人”等，只要不充满恶趣味或者违反法规都可以。至于结果，其实不是硬性的要求，可以交代也可以不交代，关键在于能否产生吸引力，比如“他因为做这件事被女友拉黑了！”这里交代了结果就产生了吸引力，再比如“三只猫遇到一只狗结局竟然是这样！”这里没有交代结果反而更有吸引力，所以关键看你怎么设置悬念。

第三，加上故事感。

如今拍广告都讲究拍故事，做短视频更需要有故事感。当然这并不适用于所有短视频，比如一些纯拍风景的，但是大多数视频都能和故事挂钩。那么，故事感是什么呢？其实它就是整个视频最大的亮点，这个亮点往往能够让用户产生共鸣，获得感悟或者开怀一笑，比如“学会这三招，老板下班不敢找你！”这个标题，一看就能在脑海中浮现出“公司”“员工”“老板”等人物地点，活脱脱一个情景剧，故事感就很强，也清晰地表达出这是一个分享职场技巧的视频，人们自然就愿意看。

当然，有的人可能觉得自己的视频确实没什么亮点，那也可以暂时放弃故事感，而是把标题写得生动一点，再让标题结构包含的热门元素多一些，也能引起用户的注意。比如同样是讲职场生存技巧的视频，没有什么硬核内容，但是可以通过“打工小哥悲催地下班了，这时响起夺命铃声！”这样的标题吸引用户，也许互动数据不是很好看，但起码打开率增加了，如果你的画面很好，配音不错，即便故事性差，用户也可能给你一个赞，而这就是你俘获粉丝的开始。

以上三点是一个好标题的基本要求，同样，一个标题也有很多禁忌，如果频繁触碰，也会降低视频的打开率。

第一，不要出现错别字、特殊符号以及大量的英文。

错别字可以当作有趣的字幕出现，而且是网友们心领神会的，但是作为标题是不该出现的，除非它有特殊的含义。错别字不只是降低用户好感度的问题，还会生成无效的关键词，让用户无法正常发现你的视频。同理，特殊符号和大量的英文也是如此，前者不符合普通人的搜索习惯，后者不符合中国人的搜索习惯。

第二，慎用“震惊体”。

在网络上“震惊体”是一个梗，它所对应的是“明天来UC上班”。如果是在评论区里抖个机灵，“震惊体”其实挺好玩的，但是如果正式地用在一个视频的标题中，它可能会败坏好感，更可能是被系统识别为垃圾信息，比如广告，很多用户看了这两字就会直接跳过，甚至都不会出现在常用的搜索词库中，这对于视频的传播会产生致命的影响。

第三，标题和内容不符。

可以借用标题党的一些方法，但前提是适度而不是滥用，比如用“七少年和美少妇的故事”作为《葫芦娃》的标题，这就是纯粹吸引眼球的垃圾用法，谁点开谁骂娘，当用户觉得自己被骗之后，你这个账号也就名存实亡了。所以，适度的夸张可以，比如把路人甲说成是美女，把不太可爱的孩子说成是小萌娃，这些还在用户的承受范围内。

命名一个合格的标题需要思考，需要练习，也需要模仿。当你还是一个新人的时候，别急着自己起标题，先去看看那些热门的标题都是怎么拟定的，看得多了就会有自己的想法，而一个想法的开始就意味着一次变现的开始。

没想到一个简单的标题隐藏着这么多学问，这可让杨紫长了不少见识。原来她只是把注意力放在内容上，却忘记在这个时代用户的注意力太容易被分散，一个细节做不好就可能流失潜在的粉丝。当然，拟定了一个精彩的标题，并不代表着万事大吉了，还要有多多益善的用户，毕竟他们才是变现的原动力，这就涉及如何引流的知识。杨紫抱着小学生的心态，开始了对新课程的学习。

4 引流：热度蹭得好，关注少不了

“话题感”是徐璐一直挂在嘴边的词。起初杨紫并没太在意，可是在看了徐璐制作的几个短视频之后深有感触，因为人家总能把热点和自己的视频结合起来，看一眼标题就想点进去。相比之下，杨紫虽然也慢慢学会了起标题的技巧，可还是少了“蹭热度”的元素，如果只给她看一个视频的机会，她肯定会选择徐璐的。

相信很多新人都有类似的经历，发布一条自己认为还不错的短视频，结果浏览量就几十次，点赞数一只手都数得过来，耗费了几天时间的拍摄制作就换来这样的结果，心里一定是憋屈坏了。

先别急着诉苦，为什么？因为你不会蹭热度！

短视频的核心是内容，这个内容可以是你的主观意愿的产物，但又不能完全脱离现实。你必须要结合当下的热点，让内容显得与时俱进，这样才能吸引到更多的“吃瓜群众”。比如在高考期间，很多人都会浏览相关的新闻，如果你的视频内容哪怕能沾上一点边，借助关键词命名一个标题，就能大大提高曝光度。那么，我们可以选择哪些热点话题呢？

第一，娱乐新闻。

在娱乐至上的时代，娱乐圈里的新闻八卦永远是热搜的核心，而且素材取之不尽用之不竭，新电影上线，明星参加综艺活动，明星新闻……随便哪个都能当成街谈巷议的素材。当然，并不是所有新闻都适合拿来当话题，要学会筛选。

一方面，要选择有明确定论的。现在某些营销号为了蹭热度，会把一些捕风捉影的事情当成新闻，比如某明星出轨、某明星整容等。如果是私下聊天，这些话题没有禁忌，但是在短视频里最好不要涉及这类话题，因为一旦事件反转，你做过的内容就会变得毫无价值甚至收到律师函，所以一定要靠经验确认新闻本身不容置疑，再去制作或者融入。

另一方面，不要涉及人身攻击。即便某明星出轨的事情“实锤了”，但是作为博主也不宜落井下石发布一些吐槽恶搞的内容，因为你的粉丝当中说不定就有该明星的粉丝，为了一句痛快嘴的话流失用户得不偿失。

第二，体育新闻。

体育新闻主要分为常规赛事和特别赛事，常规赛事就是国内外每年都要按期举办的以竞技类为主的体育赛事，而特别赛事就是大型赛事，如奥运会和世界杯等，赶上了这些重大赛事，你就要抓住热度多融入进去。比如一个原本和体育事件无关的小故事，可以改成观看世界杯或者其他重量级比赛，这样就有了热度。如果你是一个体育盲，那一定要抽空恶补一下，否则有粉丝主动和你互动起来却发现你是外行，会降低对你的好感。如果是常规赛事，其实不要求对体育有多么精通，而是找那些路人能理解、有发言权的事件，比如某某夺冠了、某某作弊了或者某个体育明星的赛场外新闻等，把这些变成台词加入视频里，也会产生相应的热度。

第三，节假日。

节假日一直以来都有很高的热度，而且是固定时段，你有充分的准备时间去制作相关内容。当然，不同的节假日有不同的切入点。

1. 法定假日

像元旦、春节、五一、十一这种长短不一的法定假日，热点话题往往是去哪里玩、回家、亲情等，可以从这些主题和素材出发制作视频。

2. 与爱相关的节日

情人节、七夕、白色情人节、表白日……这些涉及男女情感的节日最适合做情景剧，这对于年轻的用户群体是很有吸引力的。

3. 消费大节

每年的“6·18”、双十一都是约定俗成的消费者狂欢日，这些节日不仅可以作为话题，还可以作为短视频带货的最佳机会，作为博主一定要趁机提高变现率，积极寻找金主植入广告，动员粉丝买买买。

4. 纪念节日

像建党节、建军节这些纪念性节日，虽然看上去比较严肃，但也一样有娱乐的元素。比如网上经常能看到的警犬军犬故事、帅气的男兵女兵等，一样会引起大家讨论的兴趣。

5. 洋节

像圣诞节、复活节这些外来节日来说，年轻人喜欢凑热闹，那么你可以在视频中联系一些外国文化、外国影视剧制造话题。

6. 特定人群节日

像妇女节、母亲节、父亲节、儿童节这类节日，很适合做正能量类型的短视频，为了提高参与感，可以在视频中设置可供讨论的话题，只要粉丝有了参与感，你的账号就升值了。

第四，社会新闻。

社会新闻的范围就很广泛了，这些新闻性比较强的内容，很容易制造成带有争论性的话题。这其实是一把双刃剑，用好了能够激发粉丝的关注热情，用不好就会造成内部分裂，所以关键在于能够在内容中把控得当。

用蹭热点的方式制造话题是一种借势营销，它的本质就是用热点事件作为诱饵，让你的视频内容具有“新闻感”，让粉丝不由自主地参与进来，通过这种话题的黏性制造用户和博主的黏性，所以融入多少热点元素并不重要，重要的是让粉丝兴奋起来并长久地保持。

引流不是站在路边大声吆喝，也不是走近路人硬塞给对方一张传单，应该是默不作声地挂起一块招牌，让人看一眼就能被忽悠进去。虽然这种说法有些夸张，但是高明的引流的确不是生拉硬拽，这里面的学问，杨紫还要花费一阵子才能慢慢掌握。当然，徐璐也告诉过她，引流还有一个得力助手，那就是曝光率，用好了就是一件大杀器！

5 曝光率是重中之重

杨紫一直很讨厌“炒作”这个词，尤其是那些通过刻意炒作火起来的人，但是如今进了短视频的坑，她才意识到炒作虽然不能算最优选择，但绝对是一个实用的技能。眼看着自己发布的视频热度不高，杨紫恨不得用大喇叭向全世界的人都广播一遍。徐璐也知道杨紫遇到了每个新人都会遇到的问题，于是把自己积累的经验一五一十地告诉了杨紫，末了还加了一句："只要有曝光率，让你在大街上唱歌你也得去试试！"

如今谁说自己不想出名，估计别人都得歪着脑袋看他。特别是入了短视频的坑，自认为精心制作了一条质量上乘的优质视频，可曝光率不高，心里能不着急吗？没错，我们是讲了一些提高视频吸引力和引流的技巧，可是很多人实操之后还是发现效果不理想，既然如此，我们就得换一种思路，玩新的打法。

曝光率不是"玄学"，不要认为视频发布之后就看内容的造化了。的确，很多视频平台都有大数据算法，一般不会人工干预流量的分配，但这可不意味着我们就放弃了主观能动性。

那么，所谓的主观能动性是什么？当然不是四处求神拜佛，而是利用平台的某些特点，最大可能地提高作品的曝光度。为了方便说明，我们就以抖音为案例逐步分析。

先来分析一下，抖音上的用户真的是被动接收信息的吗？显然不是，用户还会主动探索和发现，这是一种通用的心理驱动力，在任何平台上都是客观存在的。那么我们就要利用这种主动性，让用户和我们的作品来一次亲密接触。

第一，在用户猎取内容时留下线索。

用户看似在漫无目的刷抖音，但其实这是一个积极主动的内容猎取过程。一个用户可能会搜索自己最感性的元素，比如音乐，比如话题，再比如某个博主，然后通过这些元素为线索，凭借聚合页面发现更多类似的好作品。那么，我们就可以反向分析：平台上的用户最喜欢什么元素，我们就融入什么元素，平台上哪些大V最有人气，我们就尽量在内容或者风格上贴近他们，平台上有哪些热点久居不下，我们就没事蹭两下，做到了这些，就能让用户在猎取内容的时候意外地发现我们。

第二，让用户发现我们有创新玩法。

我们可以埋设和别人相似的线索让用户找到我们，但这不应该是简单的复制跟风，而是要有所突破。一般来说，很多爆红的梗能够被反复利用，人们也会不厌其烦地观看，这是因为重复的信息认知成本很低，所以当平台反复去玩一个梗的时候，如果我们突然把这个梗换了一个玩法，就会让用户被惊艳到，那我们的作品和账号就在用户心中留下了深刻的印象。对用户来说，已经爆红的内容或者形式认知成本最低，同时已经积累的可加工信息量也最大。

第三，把内容呈现在用户的探索聚合页面中。

想要让你的作品最大限度地增加曝光度，必须建立这样的核心逻辑——让内容增加入口。

什么是入口？就是各种能够直达用户的渠道，最典型的就是各大视频平台的聚合页面，这是很多视频创作者容易忽视的。事实上，不少用户习惯于在聚合页面寻找自己感兴趣的内容，比如经常在抖音能够刷到的宠物视频下面的话题却带上#布偶猫#、#萌宠#之类的关键词，这可不是垃圾信息，这是为了提高曝光度的技巧。

除了上述增加曝光的小技巧，我们还需要知道一些常识性的东西，这也是很多新人容易犯的错误。比如，有的新人认为作品发布第二遍会增加曝光度，这种想法真是太“可爱”了，且不说用户能不能识别出来，单就平台算法这一关都过不去，因为它不会对重复发送的内容进行推荐，所以一条视频能否蹿红，在发布第一遍的时候就埋下伏笔了，绝不是做重复运动就能提升曝光度的。还有就是，很多平台都有相关的“XX小助手”“XX管家”之类的账号，让很多新人想入非非，认为只要发布视频时@官方小助手就能增加曝光率——没错，可以增加，但增加的是小助手的曝光率。

当然，平台的算法有所谓的机械性，但也有公平性。以抖音为例，蓝V和普通用户的曝光和推荐其实没什么差别，这就意味着蓝V很难依靠账号的热度把垃圾内容变成爆款，还是和内容本身有关，所以我们提高曝光度之前，优先考虑的还是把质量提上去。

值得注意的是，各大视频平台的算法是不忌讳“挖坟”

的，也就是说若干年前上传的视频，如果机缘巧合同样是有火爆的可能的，甚至会因为同类型视频的火爆而被推荐，当然前提依然是质量过硬。所以，做好内容本身，找准曝光渠道，二者缺一不可。成功的确有运气的成分，但没有了必要的努力，运气也压根儿看不上你。

蹭热度，巧引流，抢C位，这几项技能经过徐璐的点拨，让杨紫学到了不少东西，为此她和团队成员开了个会，重新分工，把运营交给专门的人去做，而不是像之前那样谁有空谁去弄，这样做的好处是易于集中精力和积攒经验。当然作为核心成员，杨紫也在时刻磨炼运营的技巧。最近几天，她的主攻方向就是如何快速涨粉以及如何培养忠诚用户，学习了半天，她忽然在脑子里冒出一个词：童年滤镜。

6 涨粉手要快，从低龄用户抓起

上一次接触“童年滤镜”这个词，还是杨紫和别人争论一部电视剧好坏的时候，对方说这个电视剧是抄袭的，可杨紫却表示就算是抄袭的也给她的童年带来了欢乐，结果对方送给她一句话：“你这就是童年滤镜！”最后双方不欢而散。冷静下来以后，杨紫也意识到自己说的实在太主观，但又是发自内心，可能这真的就是“童年滤镜”的作用吧。那么，如果把“童年滤镜”这个心理效应用在粉丝孵化上，是不是也有同样的功效呢？带着这个疑问，杨紫认真查阅了一下资料，发现还真有这么玩的。

有了粉丝就等于有了人脉，也就等于有了变现的能力。但是，在人人都知道粉丝重要性的今天，如何能抢到海量的粉丝就是一件让人头疼的事情了。

既然抢粉丝这么不易，干脆培养粉丝算了。当然，这可能不是一个快速变现的好方法，却是一个布局大后期的稳妥战术。那么问题来了，培养粉丝从什么年龄段开始呢？从娃娃抓起。是的，你没听错，这个娃娃不要太小，十几岁差不多就可以了，你觉得这是天方夜谭，事实上真的有人这么干了。

Zigazoo是成立于2015年的一个专注于儿童短视频产品的机构，它的创始人扎克·林格斯坦（Zak Ringelestein）曾经干了一件很轰动的事情，那就是创立了一个名为Uclass的课程管理工具，而Zigazoo的目标用户覆盖了学龄前到中学的孩子，通过向他们提供简短练习的短视频来变现，内容非常丰富，涵盖了科学、数学、文学、艺术、音乐等多个领域。从某种程度上讲，他们做的是在线视频，会通过视频的方式和用户进行交流，回答他们提出的疑问，不过这些交流是比较私密的，只能是朋友关系才能看到。

当然，Zigazoo的短视频不能完全等同于教育视频，因为其中包含了一些娱乐性的内容，比如怎样创建一个小苏打火山，以及如何制作零食等科普知识。

说起来，Zigazoo和抖音可是有着联系的，抖音的国际版本“TikTok”和它存在着一定的竞争关系。因为TikTok上面有一些适合儿童观看的视频，但整体上还是面向全年龄的用户，而Zigazoo的出现，在某种程度上聚焦了这些低龄用户的注意力，成为一个为孩子量身打造的短视频品牌。要知道，TikTok在国际上还是“很能打的”，可遇到这样一个强劲的对手还是感到了压力，因为它们争夺的不仅仅是低龄用户，还包括这些低龄用户的未来，一旦养成了使用习惯，这些低龄用户迟早会变成成人用户，这就直接影响到他们对品牌化视频的选择。

Zigazoo成功的运营模式，可以作为一种全新的思路，那就是不直接和热门账号、大IP视频正面对抗，而是直接瞄准低龄用户，这样做有三个优势：

第一，能够轻易避开内容的同质化。

在成人的世界里，识别同质化是很容易的。今天你拍了“摔碗酒”火了，明天我拍一段“摔杯酒”就很难火，因为大家都知道这是抄袭。但是对低龄用户就不同了，把苏打小火山换成蛋挞小城堡，在成人用户眼里是换汤不换药，可是对孩子来说就是有新鲜感，这种新鲜感会无差别地超过同类热门视频，哪怕你的初始粉丝少得可怜，这就是征服低龄用户的好处。所以对短视频新手来说，只要搜索一下同类视频是怎么做的，稍加改动，稍加创新，一个对低龄用户有吸引力的视频IP就做起来了。

第二，能够填补市场资源的缺位。

虽然短视频也发展了几年，可大多数人还是把视线聚焦在成人身上，顶多延伸到母婴产品和亲子产品，直接锁定在孩子身上的定制型短视频并不多，而且用心制作的也不多。所以，如果你认真研究了低龄用户的实际需求，不太敷衍地去制作相关视频，对他们来说就是精品的诞生。而且，受到2020年疫情的影响，线上教育的未来发展之路越走越宽，不仅会有固定的受众群体，说不定还有愿意投资的金主，这些资源优势都是针对成人群体的短视频所不具备的。

第三，能够获得更强势的变现能力。

赚孩子的钱永远是最容易的。针对低龄用户的短视频，不需要多么高明的营销创意，只需要把一些新奇有趣的产品放置到镜头中，就能成功引起他们的注意，而他们会把关注直接转化为需求，这就直接提升了变现的效率。

也许有人觉得，低龄用户市场距离自己很遥远，不如成人用户那么容易揣摩。可现实情况是：当多数人认为“不好做”或者“不愿意做”的时候，这就意味着客观上形成了一片蓝海市场，谁先进入谁就拥有绝对的优势。而且从长远来看，这批低龄用户是最有可能升级为铁杆粉丝的。当然，要是有耐心和信心，也可以选择不做，但至少应该知道这是另一种可操作的短视频变现之路。

得粉丝者得天下，经过几天的苦心研究，杨紫越来越认同这句话。不过她还想补充一句：养粉丝者得天下。因为“得”和“养”比起来，前者虽然快，但困难重重，后者虽然慢，可只要合理操作就能一劳永逸。当然，在快节奏生活的今天，粉丝不可能真的从娃娃抓起，要抓就从心理认同入手，在培养认同感阶段，可以允许粉丝有“背叛”的选择，有“冷漠”的回应，但是这根线不能断，因为它一头连接着创作者，另一头连接的是来自整个市场的红利。当然，这里还有一个前提，那就是你要对粉丝和潜在粉丝有足够的号召力。

7 作品品牌化，享受溢价的高福利

几个月以前，杨紫从正在打电话的徐璐口中第一次听到了“品牌化”这个词，她记得当时徐璐有些生气地跟对方说：“说多少遍了，没有品牌化的意识，一条视频火了也没用！必须把它做成一个IP，这样才能号令市场！”当时，杨紫觉得徐璐是不是喝高了才这么指点江山，可现在她理解这番话的含义了：只有把你做的视频变成一个高价值的品牌系列，才能吸引更多的人来看，这就是IP的力量。视频本身可以做成IP，短视频博主也可以成为IP，总之一定要形成品牌文化！

IP这个词，虽然现在的热度比不上前几年，但它仍然是资本市场经常谈论的关键词，而且对于创作者来说，IP也代表着一种成就。在影视作品中，IP的力量十分强大，仅仅靠着一个名字就能忽悠万千粉丝买单。当然，在短视频领域，IP仍然有着无与伦比的魔力。

在短视频把内容创作带入到一个新风口以后，大家首先关心的问题自然是如何变现了。毋庸置疑，只有打造优质的内容才有变现的可能，而与优质要求相伴的就是内容的品牌化建设。

如果让时光倒退到2016年以前，短视频基本上是个人或者小团队操刀创作，缺少商业化元素，所以那时候谈不上品牌化。但是从2016年开始，一个重要词汇开始流行起来，那就是MCN。

MCN是什么？你可以把它简单理解为一个经纪公司，专门签约专业的内容生产者，和那些小有人气的短视频博主合作，帮助他们进行营销推广、内容策划以及招商引资等，从中抽成。现在，不少看似是个人账号的大V们，其实背后都有MCN或者相类似的机构在推动，而这就是内容品牌化的开始。

可能说到这里，有人马上坐不住了：我凭什么要和别人合作？凭什么要把属于自己的钱分给别人？要是你真在短视频行业摸爬滚打一阵子，恐怕就不会说出这种话了。说得再难听点，你想和MCN合作分钱，也得看人家是否认可你有发展的潜力。

你可以是一个优秀的内容创作者，也可以是一个善于和粉丝沟通的博主，但你大概率不会成为品牌策划师，因为这需要相关的知识和经验。就目前的短视频行业来看，存在着三个对于创作者的痛点：第一，想吃这碗饭的人实在太多了，但他们之中的大部分人缺少专业运营的能力；第二，真正能够产出优质内容的人太少，平台最多提供流量支持，却不能提供技术指导；第三，懂得商业变现技巧的人不多，即便有千千万万的广告主有合作意向，他们也很难和有发展潜质的创作者接触的机会。

看到这里，你还在计较MCN会从你身上分走多少钱吗？

国内目前有很多知名的MCN机构，比如新片场，他们专门成立了短视频MCN品牌魔力盒，旗下的魔力TV已经发展为中国最大的短视频内容品牌矩阵，拥有着《魔力美食》《小情书》等上百个短视频内容品牌，更有像微小微、董新尧这样的签约网红，全网累计粉丝3亿多人，累计播放量高达上百亿。当然，你可以不选择它，但是应该了解MCN机构在内容品牌化方面的实力，当你自信地认为自己能够孵化IP的时候，说不定机会就从你身边溜走了。

“造物集”是魔力TV开发的成功案例之一，这个IP的创造者是天津的一对小夫妻，他们一开始也没想出名，就是拍视频玩，玩着玩着就有了一些粉丝关注他们。不过这时候他们的体量还是很小的，直到被新片场社区发现，于是把他们收到身边进行IP孵化。那么这对小夫妻要干什么呢？他们只负责拍摄，把全部精力用在内容产出上，然后把其他的问题交给专业团队打理。结果如何呢？如今他们不仅成立了工作室，还开发出电商业务，和很多品牌主都进行了广告营销合作。

图6-3 “造物集”宣传图

试想一下，如果造物集只是按照夫妻业余玩票的心态去做，肯定也会积累一定的粉丝，会继续产出优质的内容，却很难形成IP，因为他们不懂得如何运营与孵化，再加上没有和品牌主联系的渠道，变现能力必然十分有限。

如今的短视频行业已经进入下半场。上半场是内容缺失，有作品就有钱，运营显得不那么重要，可下半场缺的是流量，再具体一点就是缺少成熟的商业模式，而内容的品牌和IP经济则是变现法宝。

看到这里，作为新手的你也应该想明白了，要想把变现做到极致，就得先构建出一个好的视频内容，不要考虑其他，然后用心制作，和粉丝搞好关系，做好你能力范围内的运营工作，那么当人气积攒到一定程度的时候（这个不好量化），说不定就有MCN机构找到你，即便没有被发现也不要紧，你可以选择继续把名头做响，也可以直接去联系MCN机构，让他们看到你的发展潜力，那么接下来的事情就简单了。

二八法则适用于大多数行业，短视频行业也不例外，未来的短视频市场必然是20%甚至10%的人就把80%～90%的钱赚走了。如果你还在沉迷于单枪匹马的战斗或者对你的小团队极度自信，变现可能没问题，但能否达到心中的预期就很难说了。

自从明确了内容品牌化的战略之后，杨紫和她的小团队在策划新的视频内容时，就非常注意主题风格以及思想立意上的承接。除此之外，她还让大家多去各个火爆的短视频评论区逛逛，看看到底是哪些点能够激发用户的“爱意”，因为她觉得这个“爱意”就代表着某个品牌是否受用户青睐的关键。当然，光走粉丝路线也是不够的，杨紫在徐璐的提醒下，决心开辟第二条路线——金主路线。

第七章

CHAPTER SEVEN

给你的视频找买家：

定制就比成品贵

视频做出来没人看，尴尬癌都要犯了。别急着吃药，先想想能不能换个思路：先找买家瞄准方向，再做有针对性的内容，这样的输出才能瞄准市场精确打击！

1 美食餐饮：吃吃喝喝就把生意做了

说起美食，杨紫可是有绝对的发言权。虽然她是个大学生，可对市区里有名的中低档餐馆了如指掌，哪家环境好、哪家菜码大，她都能一口气地说出来。不仅如此，她还会一些烹制小点心的技术，如果制作美食视频，她是既有兴趣又有实力。为此，杨紫搜索了各大视频平台上的美食类短视频，看了一圈之后发现，做这一行没她想象得那么容易，不过仍然是充满商机。

在直播界，吃播是非常火爆的一种类型。虽然现在同质化非常严重，不过“民以食为天”，人们对美食永远是没有抵抗力的。同理，做美食节目的短视频也很有市场，不论是传授烹饪技巧的，还是点评各大餐馆的，甚至野外生火做饭的，都能吸引一大票“吃货”捧着手机观看。一边吃一边喝，一边聊天一边拍摄，这种感觉简直不要太爽。

当然，美食类的短视频要想做好确实不易，因为目前缺少相对成熟的盈利模式，一般的吃吃喝喝不会被投资人看中。听到这里可不要泄气，其实这也反映出一个正面的信息：关注美食类的投资者还是很多的，因为持续在关注，所以才更容易分辨出谁的模式更好、谁的模式太水。那么，你要做的不是去找投资者，而是做出自己的特色来。那么什么是特色呢？这一点可不要走直播的老路，现在泛滥的吃播其实就是把路走窄了，模式几乎千篇一律：找一个看着身材瘦小的妹子，狼吞虎咽地吃光一桌子美食，利用这种形象的反差制造看点，可是做的人太多了也就失去了吸引力。

短视频的优势在哪里？在于可以后期加工，在于可以屏蔽掉一些失败的元素，这就能让内容更加精致化。在这里可以提供给你一个思路：让美食回归“土味”。

几年前《舌尖上的中国》火了，细细品味之下，它火爆的原因不单是介绍了全国不同地区的美食，而且是有一种浓浓的“土味”，取材于乡间的池塘，烹饪于土屋的大锅，这种土味气息不仅没有降低它的档次，反而刺激了观众们的味蕾，因为土味更接近原始粗犷的口欲。同理，短视频也可以借鉴这种风格。

抖音上有一个昵称叫“野食小哥”的美食类短视频博主，坐拥570万粉丝，在抖音称得上是中上等级的知名网红了。那么，在美食类视频多如牛毛的恶劣环境中，这位博主是怎么独辟蹊径获得成功的呢?

图7–1　“野食小哥”短视频截图

第一，在内容上做出差异化。

和很多外形靓丽的美女博主相比，野食小哥显然不占什么优势，所以他就把竞争策略的重点放在了内容上。一般的美食博主都是告诉粉丝哪里有好吃的，或者现场给粉丝演示制作美食的过程，再或者就是走了吃播的路线，变现的方法是通过一些餐馆或者食材经销商的赞助等，从本质上看并没有和“土味”挂钩。但是野食小哥走的路线不同，他是在野外采集食物，然后用简单的办法加工，最后才是吃吃吃。这样不仅是场景出现了差异化，烹制美食的方法也出现了差异化，一下子就和其他短视频节目拉开了距离，粉丝们能不爱看吗?

第二，在拍摄手段上做出差异化。

一些美食类的短视频都是以博主个人作为视频开头，然后通过边走边逛或者直接下厨房的镜头表达方式去展示美食，这已经形成了固定的思维。但是野食小哥不一样，他的很多镜头一开始对准的是活生生的鸡鸭鱼猪，让粉丝一看就产生了好奇心：这个活物怎么加工呢？如此简单的加工之后真的好吃吗？产生了好奇，自然就有了追下去的动力。

图7-2　“野食小哥”短视频截图

第三，在人设上做出差异化。

一些短视频博主在烹制食物的时候，为了调动氛围，都会不停地讲话，就是怕粉丝们觉得无聊。然而野食小哥却反其道行之，全程都不说话，让粉丝把注意力完全聚焦在美食上，大家谁也不知道下一步是什么环节，美食是煎炒烹炸，还是焖溜熬炖，始终被浓厚的神秘感包裹，十足吊起了胃口。最后，当美食热气腾腾地做好之后，大家才意识到野食小哥的烹饪手法有多么特别。

看到这里，可能有人要发出疑问了：如果食材都是来自野外，怎么找投资呢？这就是你的思路太窄了。其实越是野外环境的设定，越让人觉得视频中的商业化味道更淡，但这并不代表着不能融入商业元素。比如野食小哥在吃饭的时候，身边会摆上一瓶可口可乐，这就是可以做软植入的点。另外，烹饪用的调料和厨具同样有出镜的机会，这些也能找到赞助商。甚至我们还可以设计更为精妙的思路：以土味的方式烹饪一道某餐馆里的名菜，看看味道有何不同，这样既能引起观看的兴趣，还软性地植入了该餐馆的招牌菜。总之，只要和美食挂钩，就不难在餐饮业找到金主。唯一不变的是，你要保持“土味”的风格，它既能让你的内容变得和商业“无关”，同时又最大化地保护了客观存在的商业元素，这是美食类视频的一个发展方向。

投身美食，背靠餐饮，这已经成为杨紫新的商业计划中的重要部分。她还和团队成员专门找了几个小有名气的餐厅，虽然没有签合同，但是对方也表示出赞助短视频的意向，这给了杨紫和她的队友们极大的鼓舞。为此，杨紫熬了几个晚上作出了拍摄计划书。不过，她想起了徐璐说的一句话：“起步阶段，别把路走窄了。”想到这里，杨紫不由得拿起手机，盯着自己的淘宝订单沉思起来——生活用品销量也很大，这会不会也隐藏着商机呢？

2 生活日用：就用“九块九包邮”赢得客户

因为这两年直播比较火爆，所以杨紫看了不少直播带货，给她最大感触就是，价格相对低廉的日用品是最受大众欢迎的，毕竟现在经济下行，人们有消费的欲望但钱包跟不上，也不可能只靠吃吃喝喝来打消寂寞，买了不算浪费的日用品，刚好能填补人们内心的空虚。于是，杨紫开始琢磨如何通过短视频去销售日用品的模式。

直播电商的兴起，让不少人认为，既然要带货，不如去直播，为什么还要做短视频呢？事实上，一个优秀的短视频博主未必是一个优秀的主播，Papi酱第一次直播的时候也紧张得发挥失常，这足以证明走直播路线需要更强大的心理素质和应变能力。而且，现在火爆的短视频平台和电商平台的流量差别并不大，比如抖音就已经覆盖了网络上的大部分活跃人群，你完全没有必要去别的平台寻找消费者。那么问题来了，短视频平台适合带什么类型的货呢？其实在这一点上，短视频和直播有着相同之处，那就是“便宜货”。

对大众消费者来说，尤其是对贷款比存款多、分期比死期多的年轻消费者来说，商品一定要有性价比，这是最基本的商业逻辑。即使是头部主播，带的货大部分也是在19元到99元之间，少部分有几百的，更贵的就比较罕见了，而且每一件产品都有较高的折扣。短视频也是如此，价格必须足够便宜，否则就失去吸引力了。

图7-3 “搞怪蜘蛛”短视频截图

那么，是不是东西只要够便宜就一定有人买呢？当然不是，不然都去淘宝上买九块九包邮的东西了，为什么要来看你的短视频呢？所以，便宜是基础定位，更重要的是新奇有趣。从这几年爆款的产品来看，容易爆单的都是新奇有趣的商品，一个典型案例就是一个搞怪蜘蛛，15元钱一个，凭着一条视频一天卖出了几万单。还有一种就是非常实用的商品，比如便宜的抽纸、收纳袋等，既能满足人们的消费欲望，又不算“败家”。

综上所述，日用品是最容易符合这两条逻辑的，因为日用品可以在设计上有新奇之处，而且又是绝对实用的，这两点只要占据一条就有成为爆款的潜质。在满足了便宜、新奇和实用几个要素之后，我们还要对视频进行设计。在这个设计过程中，日用品又占据了一种优势：极强的场景感。

什么是场景感？就是一个产品关联的场景。比如卫生纸会让你想起厕所，大勺会让你想起厨房，这些就是产品和场景的强关联，而日用品又是占绝大多数的。这样一来，你就可以通过拍摄一段厨房的小视频或者客厅的小视频，直接把观众代入到相关的场景中，凸显出产品的特性，再加上便宜的定价，就很容易刺激用户的购买欲望。

有人可能会问：高档产品不适合在短视频平台带货吗？当然不是。高档商品也照样有人买，但是这类客户群体和主流的用户群体口味不同，你用人民群众喜闻乐见的搞笑段子是吸引不了他们成为你的粉丝的，所以暂时放弃做这类产品的念头吧。

说到这里，又涉及一个重要问题：既然要卖便宜货，是不是就要做垂直账号，专注于消费能力一般的用户？答案是否定的，因为账号本身没必要分出高低贵贱，所谓的垂直取决于你的内容，内容就是老百姓吐槽柴米油盐的，那肯定很难垂直到高端用户。因此，正确的带货逻辑是：先锁定产品类型，然后制定对应的视频内容（垂直相关用户）。

2020年4月1日晚上8点，罗永浩正式进入了电商直播界，三个小时带货23种，交易总额高达1.1亿元，成为抖音直播的带货NO.1。分析一下老罗带货的产品，除去数码类产品价格本身不便宜之外，剩下的产品大多数都是日用品，比

图7-4 罗永浩直播带货截图

如浓缩洗洁精、棉棒、毛巾、床头手机支架，价格普遍在100元以内。这也从侧面证明了便宜实用的东西才是销量的拉动器，价格高的只能靠刚需去带动，即便是老罗这张嘴也不是能随便能“忽悠”得了的。

看到这里，相信你对抖音的带货大方向也有了一定的了解，其实日用品听起来格调不高，利润空间不大，但是架不住它走能量，而且和日用品相关的厂家、经销商、代理商甚至个体商贩很多，不仅遍布网络，还环绕在你身边，所以只要你的视频内容对口，有一定的粉丝基础，找货源是不成问题的。因为，只要你够便宜，你就是消费者心中最贴心的导购，让他们在不“剁手”的前提下享受移动支付的快感，而这种快感也会转化为你的变现成果。

找了几天的资料，又刷了几天的视频，卖日用品的想法在杨紫心里算是扎根了。当然，她知道贪多嚼不烂，可毕竟在起步阶段，她的账号还没有形成固定的方向，谨慎地选择是必不可少的。而且，经过团队成员的推荐，杨紫还真的结识了几个日用品的供应商，他们也表现出浓厚的合作兴趣。不过杨紫没有就此满足，因为她发现自己光顾盯着女人的钱包，却忘了那些男人了。

3 汽车：一边慢热一边掏空你的钱包

都说女人是网购的主力，其实在杨紫看来，男孩子遇到心仪的东西，自控能力也好不到哪儿去。哪怕是事业小有成就的成熟男人，本质上也是稚气未脱的大男孩，就像他们从小迷恋玩具手枪一样，长大后仍然对各种“高级玩具”怨念满满，其中最有代表的就是汽车了。原本杨紫没想到要和汽车发生什么关系，直到她看到真的有人通过直播卖车，她才意识到，短视频有什么不可以呢？你还别说，真有人这么干了！

短视频带货，廉价品的确是冲量的主力，可这并不能掩盖高端产品的用户需求度。现在的短视频平台已经造就了一批带货达人，这种趋势已经蔓延到了汽车领域。

当然，和小商品相比，汽车和短视频平台的连接还有点慢热的意思，这也可以理解，毕竟产品的用户群体相对受限。但是已经有不少汽车企业通过抖音快手进行传播，这就是一种尝试性的商业试探，虽然慢半拍，可是节奏感已经被带起来了。

有人可能对这种慢热抱有怀疑态度，甚至认为通过短视频带货汽车太不现实。其实，这和汽车产业的属性有关，它是传统企业，天然存在着根深蒂固的保守和谨慎倾向，所以接受新鲜事物会比较慢，不像是依托互联网催生的经济模式，但这并不代表着汽车行业会永远处于观望和试探状态。

作为短视频的创作者和运营者，其实不要太过在意汽车厂商的态度，因为他们的态度最终还是取决于短视频的质量。质量过硬，风格对路，模式可行，他们肯定愿意接受新模式，毕竟谁会跟钱过不去呢？

快手上有一个名叫“杨哥说房车”的大V，粉丝有60多万，作为一个小众圈子来说这个粉丝数量已经十分可观了，在线观看人数也能稳定保持在几百人，虽然数据看起来不是非常唬人，但是人家的客户转化率很高。每次直播过后，总有粉丝主动加老杨的微信询价，甚至还有土豪直接打款订车，所以老杨每年的销售额高达几千万元。

老杨的成功依靠的就是模仿效应，因为他自己就是国内最早玩房车的一批人，从2008年开始每年都会带家人开房车出游几次，所以他对房车了如指掌，堪称“骨灰级”玩家。在做直播和短视频的时候，老杨不仅能够充当销售去介绍房车的性能，还能从用户的角度去评价房车，这就像是一个时尚博主的穿搭也会被粉丝关注一样，老杨以车友的身份帮助消费者选购房车，这就有了很强的说服力，和西装革履的汽车销售人员的推荐完全不同，消费者愿意去模仿，去享受驾驶房车的快感，所以广告也是接到手软。

图7-5　“杨哥说房车”视频截图

你看，通过短视频平台卖车绝非是空想，有人尝试却失败了，还是因为模式不对路。因为和大众消费品相比，汽车对大多数买家来说都是一笔高投入，消费者从产生需求到形成意向再到交易成功，要经历一个比较漫长的过程，而有些短视频的制作者实在忍受不了这个过程，心一急躁就放弃了，导致前功尽弃。

从这个角度看，想要做好汽车带货，就要接受相对较长的转化周期，不要妄想着像头部主播那样一晚上带货多少。除此之外，你的短视频要保证足够的时长，因为关于汽车的介绍是比较复杂的，用户只有了解得更多才能下定决心掏腰包。那么，这对你的制作能力就提出了挑战。说白了，现在之所以没有形成规模化的短视频带货汽车模式，还是因为广告主和短视频这个新兴的传播渠道尚未找到有效的融合点。那么，如果你能参考现有的成功案例，再结合自身的优势把这个融合点做好，对你来说不就赢得商机了吗？

从汽车厂商的角度看，短视频已经大有全民参与的趋势，这个宣传渠道的疯狂增长，意味着未来谁不跟进谁就要吃大亏，所以汽车厂商发力短视频只是时间问题。早在2018年3～5月，抖音上就出现了很多汽车品牌推出的视频挑战赛模式，只不过厂商的营销方式抓目标客户，而非定制内容，那么谁把内容做好，谁的营销成果就更突出。

作为一个新手，如果有志于带货汽车，那么可以多找那些新兴品牌，这些品牌渴望提高知名度，希望被大众熟知，即使不能马上产生销量，单纯宣传也是乐意掏钱的。那么，如果你的粉丝群体中有不少具备消费能力和消费意愿的男性粉丝，就可以通过针对性的介绍和他们保持互动，帮助这些汽车品牌提升知名度。

抖音上有个名叫“虎哥说车”的博主，就是很典型的内容营销，他能够从多个方面介绍汽车的优缺点，即便是不买车也能学到很多知识点，而这无疑打开了新的蓝海。当然，你也可以制作“剧情类”的短视频，这方面的代表博主是“懂车侦探”，通过剧情和人物来介绍汽车，知识含量较少，但也同样吸引了不少人观看。与之相对应的是，有越来越多的国内汽车品牌入驻抖音和快手，这些都可能成为你未来的金主。

总的来说，短视频表现汽车的形式丰富多样，广告营收效益也很不错，已经开始形成新的传播环境，具体选择哪一种就要结合你的定位和特点了。

汽车销售是小众领域，虽然用户基数少，但同样竞争对手也少，如果你在这方面有着独特的天赋和想法，那么从小众领域发力反而更有优势。

虽然杨紫大体上了解了短视频卖车的可行性，不过她对这一行积累的知识不多，所以暂时不打算自己去做，而是把她草拟好的营销方案交给了另外一个男性朋友，因为他也打算拉上一伙人投身短视频，既然杨紫先行一小步，就提供给了对方思路。谁知那个朋友也懂得礼尚往来，马上介绍给杨紫一个赚钱的机会——做旅游产品。

4 旅游：看人家怎么边走边播就把钱赚了

旅游对杨紫来说是陌生的，因为她一年也出不去几次，但是旅游对她的吸引力可不亚于美食。过去不愿出去是因为没钱，而现在居然可以免费旅游并有所回报，这真是给了杨紫极大的动力。在朋友的介绍下，杨紫结识了几个靠做旅游短视频起家的小伙伴，本来她以为这些人就和导游差不多，可是吃了一顿饭以后，人家亮出了刚发布的旅游视频，一下子就把杨紫惊呆了：原来“玩”还能拍得这么有意思！

旅游类的短视频一直是各大平台的宠儿，一个“摔碗酒”的视频就带动了一个地方的消费狂潮，由此诞生了网红景点，像什么重庆的“轻轨穿楼”、厦门鼓浪屿的“土耳其冰淇淋”以及山东济南宽厚里的“连音社”等，都因为短视频成为人们争先恐后要去的地方。

火爆的场面会带动更成熟的营销模式，旅游景点和短视频博主的合作也就变得理所当然。如果你能打造出一款优质的旅游类视频，一定能收到让你意想不到的回报。

以抖音为例，如今它和旅游营销的融合进入到最为成熟的阶段。“摔碗酒”的爆红就是成功案例，因为在2018年4月，西安市旅发委就和抖音达成了合作关系，直接带动了西安地方的旅游经济。其实不难发现，中国现在已经进入到优质旅游发展阶段，更需要优质的产品，人们自然会选择优秀的旅游企业，所以旅游营销显得非常重要，不仅要小心地论证方案和考察市场，更要听取来自年轻人群体的意见，所以在年轻人占主体的短视频平台，旅游营销就有了天然好做的基因。

为什么短视频平台适合做旅游营销？这是因为旅游行业自带突出的社交属性，而短视频平台恰好符合这一特征。如今90后和95后甚至00后正在成为旅行消费的主力军，而他们喜欢一边旅游一边拍摄视频分享旅行体验，他们的朋友也喜欢通过这种方式了解旅游景点，从而判断是否值得花钱去游玩一趟。短视频博主就可以扮演这个喜欢出去玩的朋友，把原创的小视频分享给粉丝们，自然就激发起他们旅游的意愿了。

那么，怎样做好旅游类的短视频呢？

第一，选择有潜质的旅游景点。

旅游营销和一般的产品营销不同，它拥有不能更改的实景，所以一个光秃秃的山沟沟是很难吸引别人过去玩的，这就要求制作者选择有特色的景点，这个特色可以是天然的山水，也可以是景区的设计，总之必须有亮点，这才有机会成为网红景点。

第二，在视频中融合多种元素。

短视频和直播不同，它可以进行后期制作，可以加入丰富的特效和有趣的背景音乐，让你的出行变得更有节奏感，甚至带那么一点点“魔性”，这也是很多观众喜欢看的原因，否则人家为什么不看现场感更强的旅游直播呢？所以制作者一定要把握好这个优势，在视频中融入人民群众喜闻乐见的元素，让视频看起来炫酷又潮流，具有一定的艺术感，点击率就噌噌地上涨了。

第三，精准垂直。

短视频不仅是一个分享平台，也是一个社交平台，具体到旅游消费中，年轻的女性用户往往占据主体。而如果这个消费群体和你的粉丝群体重叠的话，你的旅游营销就会很容易做出成绩，因为他们喜欢有创造性的视觉体验，喜欢和别人分享，如果你能和他们保持这种分享关系，你的出行就变成了他们日后消费的样板，那么这样的博主哪个旅游景点会不喜欢呢？

第四，建立“旅游向导”的身份定位。

和其他产品营销相比，旅游类视频从制作上看并不难，它更侧重于作品发布之后和粉丝们的互动。粉丝会提出很多问题，比如“住一晚上多少钱”“有哪些好玩的项目”以及“坐什么交通工具最实惠”等，这些问题是无法通过一条视频来解决的，需要你在评论区持续地和粉丝交流，你回答得越详细，解答得越耐心，就越能强化你作为第三方推荐的信任感，这样你就成为旅游景点的人形招牌，真正实现了和景点、消费者的共生关系。

值得庆幸的是，现在各大视频平台都比较支持旅游类的视频，不仅有着大量的推荐红利，如果你粉丝达到上万级别以后，还能够获得相关的商家合作推荐，享有平台的众多扶持政策。而且，你变现的渠道不仅仅是旅游景点，所到之处的其他商家如餐馆、礼品店等都能拉到广告，可以说是“走一路、赚一路”。

现在的年轻人注重生活的质量，他们不会为了节省开支而放弃去好玩的地方，宁可超前消费也要亲自体验一番，所以旅游需求算是“半刚需”的市场，同样，旅游景点也需要广而告之的推广方式。那么，只要你的短视频内容过硬，愿意和粉丝交流心得，就会把消费者的“我想去”升级为“我必须去”，而这个动机的转变就是变现的基础。只要愿意尝试，说不定下一个“摔碗酒”的现象级视频就是你发布的。

在了解旅游短视频之后，杨紫不安分的心又跟着躁动起来，她把美食、日用品和旅游作为日后发展的重点方向，因为她对这三样都充满了兴趣，要是真的做好了，就是把兴趣和工作完美地结合了，而且还能吃喝玩乐用。正当杨紫做着这个大大的美梦时，徐璐忽然介绍给杨紫一个项目：推广培训业务。杨紫一听就感到索然无味，可徐璐却指着她的鼻子说："你呀，天天就知道带货带货，'带人'一样能赚钱！"

5 别人带货你"带人"，教育类视频让你秒进达人榜

要不是杨紫和徐璐很熟悉，那句"带人"差点被当成是拐卖儿童。当然，经过徐璐的详细说明，杨紫终于了解了线上教育行业的发展前景，而它的崛起同样需要短视频这样的有力宣传者。不过，对于这一类的视频，杨紫毕竟没有经验，了解一下没坏处。为此，徐璐给杨紫发送了几条教育类的短视频，刚看了一条就把杨紫逗乐了，原来"带人"的买卖也能这么推荐！

互联网的出现改变了人们的生活方式，而移动互联网的普及，就把这种作用力度进一步加深了，它让在线支付成为

一种消费习惯，让时间的碎片可以随时随地被填补。因此，短视频行业变得更有生命力，它给了博主们无限可能，也给了用户接收信息的便捷性。

短视频改变的不仅是传统的商业模式，连知识摄取的方式也随之发生了变化。

在互联网出现之前，获取知识只能通过线下，纯粹依靠书本的自学是非常困难的。在互联网诞生后，获取知识虽然可以拓展到线上，但还是离不开固定的PC端，也离不开稳定的网络环境，所以获取知识的场景并没有发生根本变化。但是移动互联网时代就不同了，知识获取可以随时随地进行，这就催生了教育类的短视频。

2019年7月25日，著名的外语培训机构沪江CCtalk召开了“抖音课堂发布会”，宣布“CCtalk课堂抖音小程序”在开放，成为第一款教育类抖音小程序。这个小程序旨在助力“网师”优化推广并增加曝光度，让老师教学更方便，让学员学习更容易。

不仅是抖音，一向被贴上“双击666”标签的快手也在发力教育短视频。快手曾经发布了《2019快手教育生态报告》，这从侧面证明快手也在对教育生态进行系统的盘点和布局。粗略统计，现在快手平台上的教育类短视频超过了2亿，日均播放总量超过22亿次，日均点赞量超过6 000万。

我们现在看到的情况就是：一方面是抖音和快手在发力

教育类短视频，另一方面是大环境提出了新的要求。

2020年新冠肺炎疫情暴发以来，冲击最严重的就包括线下教育，学校停课，各类教育和培训机构关门，整个行业面临的是断崖式的收入下降，无论是中小学还是职校高校，都主动或被迫推广了网络教学，虽然经历了一个艰难的适应过程，不过也让教育直播和教育短视频的发展前景更明朗了，开始展现出它无可比拟的优势。

华中师范大学教授戴建业，因为对盛唐诗歌进行了幽默风趣的解说，很快就在抖音上爆红，视频发出当天的点击量就超过了2 000万次，点赞达到70万次，成为“我最喜欢的文学老师”。不仅是个人教育IP有人做，一个语文类机构甚至在抖音建立起了IP矩阵，每个老师在上面分享语文小知识，点赞量至少是四位数。

图7-6　戴建业抖音视频截图

如果你本身是教育工作者，那么做教育类短视频就具有天然的优势。你可以自创IP，也可以和教育机构合作，选择哪一种打法看自己的定位，但是千万不要错过这个机会。因为如今短视频的兴起，已经让教师这个职业拥有了更多维的呈现和更细腻的表达。以教师IP打造的品牌知名度，同样具有强大的营销能力，而且也符合很多视频平台的发展战略。以抖音为例，它现在已经成为全国最大的艺术和知识传播平台，而教育类的短视频非常具有市场。不要以为孩子们不愿意听课就不爱看视频，事实恰恰相反，几分钟的知识点讲解配合生动的画面，哪个孩子都不会觉得烦，而他们就是你最具变现价值的小粉丝。

根据抖音对2019年知识类视频的统计数据可知，美食、语言、学科、职业和科普五大类别占据榜一到榜五的排名。

可能有人会说，如果我没有教师资格证，也没有可以合作的教育机构，是不是就不能吃这碗饭了？也不是。现在短视频平台是一个“花样涨知识”的大教室，你可以传授给孩子文化课知识，也可以教给他们手工课、生活技能、舞蹈音乐等诸多知识，在这些门类中，有些并不需要硬性的从业资质，只要你懂得孩子的心理和家长的诉求，一样有机会享受“在线育人”的体验。当然，有资质还是更容易获得家长的信任，也不至于让你在传授知识时跑偏。

说到底，教育短视频的火爆，其实不是孩子们产生了需求，而是家长产生了需求。因为一些家长渐渐发现，当孩子长大之后，很多想法和需求变得难以捉摸，单从父母的角度无法真正满足他们，而如果有一个专业素质过硬、教育经验丰富的人承担这个责任，他们会十分乐意为此买单。所以，制作这类短视频，既要从内容上照顾到孩子的需求，也要从营销上贴近家长的需求，双线并行就稳妥多了。

就现在来看，教育类短视频的变现方式主要是两种，一种是出售课程和书籍，这个主要是教育机构的账号；另一种是出售一些周边产品，这个主要是个人账号，比如学习用品、运动器材等，一般范围不会太大太杂。所以为了变现的可持续性，你能“卖些什么”是首先要考虑的问题。

和教育直播相比，教育类视频更为灵活，它不要求你在固定时间接受老师的培训，只要有空随时都能观看录制好的视频，让获取知识变得更加灵活方便。从这个角度看，教育类短视频的发展空间巨大，而且因为教育是人们的刚性需求，你永远不必担心市场是否会萎缩，只需要考虑好如何做一个合格的“线上老师”，这个人设立住了，赚钱也就稳了。

培训推广的短视频，又一次给杨紫打开了一扇新的大门。虽然她对这个行业还很陌生，但是通过浏览这一类的视频让她长了不少见识，原来短视频的变现玩法这么多。既然鸡蛋最好不要放在一个篮子里，杨紫觉得自己的确应该开辟一条新的变现之路。当她把这个想法告诉徐璐的时候，没想到徐璐咯咯笑起来：“这算什么，还有比这个更厉害的呢！”

6 母婴：告诉直男们，女人和孩子的钱最好赚

因为自己未婚未育，所以杨紫对母婴用品并不关注。但是徐璐可不一样，在她刚开始做短视频的时候，就经常浏览推广母婴用品的视频，弄得杨紫产生了误会。直到有一天，杨紫得知徐璐和几个母婴用品的代理商谈合作，她才知道原来人家早就看上了这个市场。现在，徐璐已经专门组建了一个小团队去赚女人和孩子的钱，据说收入比她原来的大团队还多，这着实让杨紫羡慕，她一把抓住徐璐：“大神带带我！”

赚女人和孩子的钱，已经成为生意人的共识了，在短视频平台上也是如此，其中母婴产品则是市场占比很大的一部分。我们先来看看作为综合信息平台的今日头条，有关母婴内容的阅读量一个月超过24亿，对该类产品感兴趣的人群超过了5 500万。在抖音上，2018年母婴类内容更是获得了爆炸式的增长，母婴达人视频的播放量超过了2 000亿，评论超过3亿条，点赞超过70亿。如此庞大的市场，其变现的潜力不让你动心吗？

母婴内容的爆发，一方面和国家推行的二胎政策有关，另一方面也和人们获取信息的渠道和习惯有关。在传统电商时代，人们购买母婴产品会去固定的电商网站，而随着直播带货和短视频的发展，人们在移动端了解产品的习惯逐渐养成并固化，这些因素都促进了以抖音为代表的母婴产品大爆发。

既然这是时代所趋，消费者认同，市场逐步成熟，平台扶持，那么带货母婴产品也是一种不错的选择。当然，受制于产品类型的特殊性，并不是哪个平台都适合带货母婴产品，像抖音这种女性用户较多的平台就比较有群众基础。根据一组数据可知，抖音上的女性用户年龄大体上是20～24岁和25～29岁这两个区间的占比最高，而这恰恰又是准妈妈的最佳年龄段。还有一则数据显示，抖音上超过50%的用户都是90后的父母。

年轻的用户群体重叠上年轻的父母，这就为母婴产品的热销奠定了基础。

年轻的父母意味着什么呢？缺少经验，育儿新手，加上很多年轻人远离家乡，身边没有老人或者不习惯和老人同在一个屋檐下，这就决定了他们的带娃经验主要从网络上学习。所以，抖音上的年轻父母们，他们不再满足于刷好玩的段子，而是希望通过这个平台获得更多的育儿知识和经验。

有数据显示，在目前抖音上活跃的母婴达人中，94%都是普通妈妈，其中83%的达人会经常性地通过晒娃分享育儿心得，这就形成了一个需求对等的循环：新手妈妈通过获得经验值的老新手妈妈学习知识，然后再分享给经验更为欠缺的新手妈妈。

说了半天，这些又和带货母婴产品有什么关系呢？关系大了，那就是想要吸引粉丝，就要以传授育儿经验为主题，然后再带货母婴产品，这是目前公认的经典经营模式。因为在新手父母眼里，一个不晒娃甚至有没有娃都不知道的人，怎么可能放心购买他们推荐的母婴产品呢？那么接下来我们要研究的事情，就是如何做好母婴内容。记住，先做好内容，带货就顺理成章了。

目前短视频平台上的母婴内容主要有三种类型。

第一种是真人出镜和超强互动，这方面以抖音上的丁香妈妈为代表，当然她们属于企业账号，专业性比较强，能够和用户分享一些育儿妙招、宝宝辅食以及亲子游戏等。她们的优势是非常重视互动，能够手把手地教新手父母各种知识，培养信任感，自然就变成了忠实的消费者。

第二种是依靠口播的专业知识讲解，这方面以抖音上的“小豆芽妈妈”为代表，她们的优势是有相关的学历背景，虽然是个人IP，但是可信度很高，能够站在行业发展和早期教育的角度帮助新手父母答疑解惑，比如讲解“延迟满足”的心理学概念，比如分析“三年级效应”的真相等。当然，成为这类博主并不需要你具备什么医学资质，即使只有相关的知识和经验储备，一样可以成为用户最贴心的指导，只是高学历的背景更有卖点。

第三种是打造动画情景剧来传授经验，这方面以抖音上的“兜兜兔”为代表，该账号打造了一个可爱正能量的小白兔，通过一系列的情景故事，比如插队、遵守电梯秩序等讲述如何教育孩子，因为新奇有趣，吸引了不少家长观看，同样可以依靠视频实现带货。

以上三种只是操作比较成功、模式相对成熟的类型，如果你有更好的想法当然可以独辟蹊径，但是需要记住三个要素：一是必须简短精彩，虽然学习育儿知识需要漫长的时间，但每个视频必须是拆分出来的知识点，别像上大课那样一两个小时地系统讲述，短小有趣才是征服观众的卖点。二是频繁和用户互动，只有及时解决粉丝们的疑问，才能把人留在你的账号里，否则人家就另找高明了。三是别急着变现，先建立个人或者企业IP，积攒了一波用户之后再带货就容易多了，否则人们会认为你就是个卖货的，对你传授的知识会产生质疑。

当你形成了属于自己的母婴内容IP之后，找货源再简单不过了，可以在短视频平台中搜索相关的企业账号，用私信或者评论的方式和对方取得联系，就不难找到有合作意向的品牌主。不过前提是你的内容已经成形，这样对方才容易判断你是否拥有变现的能力。

母婴人群对科学育儿的知识需求和产品需求都是刚性的，而越是处于迷茫阶段的人，越愿意寻求外界的帮助。只要你营造出真实、可信、专业、贴心等人设特征，就会成为这个群体的代言人，用优质的内容换取实惠的回报，开启达人带货之路。

了解的变现模式越多，做短视频的欲望就越大。现在杨紫已经草拟了好几份变现计划书。当然，她知道自己不可能消化这么多内容，所以把那些暂时做不了的计划都推荐给了身边的人，因为有越来越多的朋友都开始涉足短视频，有的组建了团队，有的尝试单干，什么风格的都有。这不仅没有增加杨紫做下去的压力，反而给了她无限的动力，这种热火朝天的劲头，足以证明她和她的朋友们，选择了一条代表时代发展方向的路，希望这条路能一直走下去，希望它没有终点，只有沿路一望无尽的美景。